초등학교

초등 논술

5

이 책의 구성과 특징

1 단원의 시작

- 학습 내용과 관련된 경험이나 배경지식을 점검하여 흥미를 일으킬 수 있게 하였습니다.

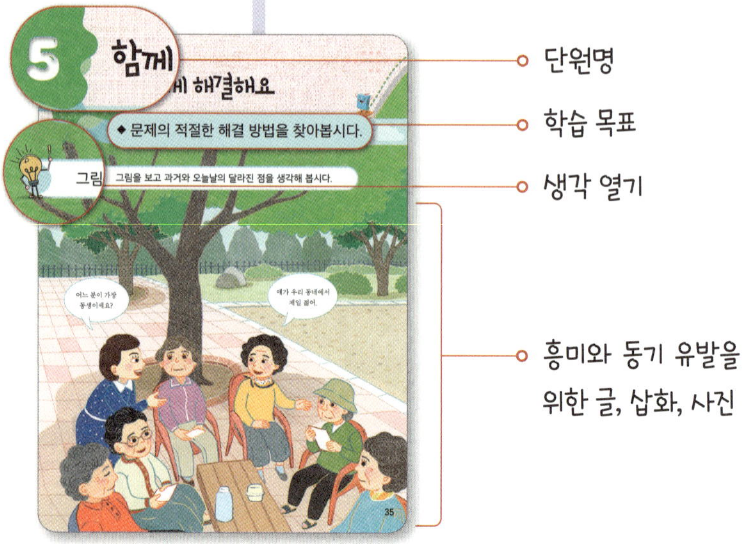

2 제재 구성

- 시, 이야기, 만화, 노래, 그림 등 다양한 형식의 읽을거리를 제공하였습니다.
- 일상에서 접하는 다양한 문제에 관심을 갖게 하였습니다.

존경받는 기업가 라탄 타타

자동차를 만드는 어느 회사 회장이 간부들과 함께 차를 타고 이동하다가 도중에 타이어가 터졌습니다. 운전사는 다급히 길가에 차를 세우고 수리에 들어갔습니다. 그 사이 간부들은 차에서 내려 스트레칭을 하거나 잡담을 하고 있었습니다.

그때 누군가가 "우리 회장님 어디 가셨지?"라고 외쳤습니다. 찾아보니 그 회장님은 자동차 뒤에서 열심히 운전사의 타이어 교체를 돕고 있었습니다. 잭과 스패너를 쥔 회장의 솜씨는 누구보다도 능수능란했고 와이셔츠가 흥건해지도록 온몸에서 땀이 흘렀습니다. 이 모습을 본 간부들은 회장의 겸손함과 격의 없음에 진정한 리더십이 무엇인지 깨달았습니다. 인도 최대 재벌, 라탄 타타 회장의 이야기입니다.

라탄 타타가 차를 타고 가다가 무심하게 차창 밖을 바라보았습니다. 그 가족은 어딘가로 나들이는 가는 모양이었습니다. 인도에서는 흔한 스쿠터를 타고 말입니다. 그런데 스쿠터를 탄 모양이 라탄 타타의 눈길을 끌었습니다. 스쿠터 한 대에 온 가족이 탔습니다. 아빠는 운전하고, 그 앞 발판에는 아이가 서 있었습니다. 뒤에는 엄마가 다른 아이를 안았는데 손에는 보따리까지 들려 있었습니다.

'나들이 가는 모양인데 왜 저렇게 위태롭게 보이지?'

한번 그런 생각을 하니 길거리에 스쿠터를 타고 다니는 사람만 보였습니다. 그리고 스쿠터를 타고 다니는 가족이 많다는 것을 알았습니다. 스쿠터 한 대에 온 가족이 타고 위태롭게 거리를 달리는 것이 인도의 풍경이라고 해도 될 정도였습니다.

44 45

3 학습 활동 및 평가

- 제재를 읽고 논술 능력을 키울 수 있게 학습 활동을 제시하였습니다.
- 창의성과 사고력을 향상시키는 학습 활동을 구성하였습니다.
- 학습한 내용을 스스로 정리하고 평가할 수 있습니다.

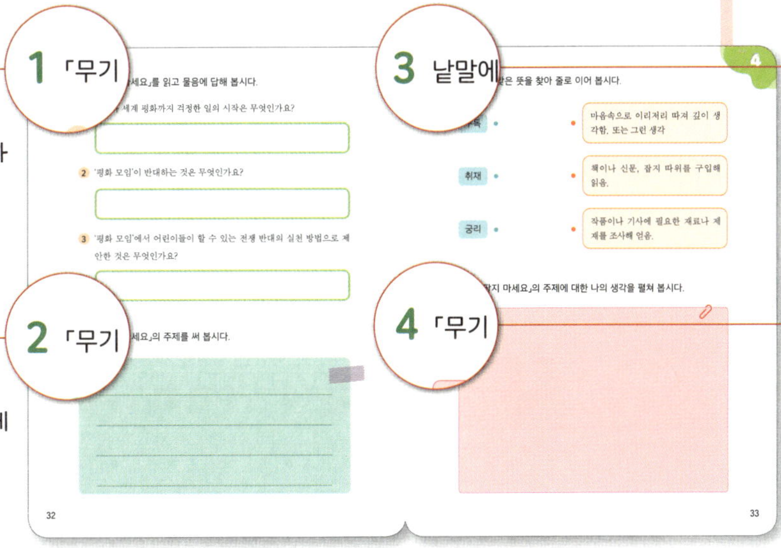

글의 내용을 잘 이해하였는지 알아봅니다.

글의 내용을 좀 더 깊게 생각할 수 있습니다.

제재 글에 나오는 중요한 낱말을 익히거나 어휘력을 기를 수 있습니다.

자기 주도 학습 및 창의성 향상을 위한 중심 활동을 제시하였습니다.

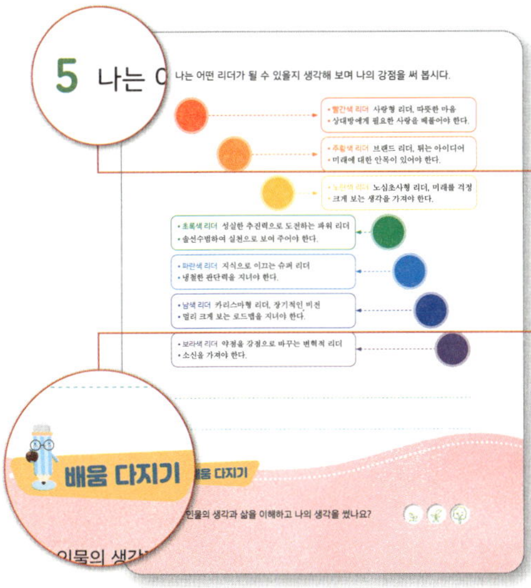

학습 활동을 통해 사고력과 핵심 역량을 강화할 수 있습니다.

단원에서 배운 내용을 스스로 평가해 봅니다.

차례

한눈에 쏙 들어오는 논술, 생각을 펼치자!

논술을 공부하면 무엇이 좋아질까요?

논술은 자기 생각을 논리적으로 서술하는 글입니다. 논술을 잘하려면 자기가 가진 배경지식이나 정보를 바탕으로 창의적이고 논리적인 글을 써야 합니다.

논술을 하면 논리적으로 설명하는 능력과 문제를 깊이 생각하는 사고력을 기를 수 있습니다. 또한 문제 해결력이 향상되며 다양하고 폭넓게 생각하는 힘도 함께 길러집니다.

논술을 자신 있게 하려면 어떻게 해야 할까요?

첫째, 논술에 자신감을 가지려면 무엇보다 쓰고 읽는 것을 생활화해야 합니다. 매일 일기 쓰는 습관을 기르고 다양한 분야의 독서를 하는 것은 자기주장을 강력하게 뒷받침하는 근거를 마련하는 데 도움이 됩니다.

둘째, 주위 사람들과 자주 토론하는 것이 좋습니다. 토론하다 보면 자기 생각을 보다 논리적으로 설득력 있게 표현하는 방법을 배우게 됩니다. 토론한 후에 글을 쓰고 자기 생각을 정리해 두는 것도 자신감 있게 논술을 하기 위한 좋은 연습이 됩니다.

1 새로운 세계

◆ 인물의 입장이 되어 생각해 봅시다.

그림을 보고 어떤 상황인지 생각해 봅시다.

그때 밖에서 금속판을 디디는 발소리가 들려왔다. 그러더니 잠시 후 선원 하나가 문을 열고 안으로 들어왔다. 갑자기 네드 랜드가 선원에게 달려들더니 목을 조르기 시작했다. 콩세유와 나는 얼른 달려들어 네드 랜드를 말리려고 애썼다. 그런데 그때 등 뒤에서 누군가의 말소리가 들려왔다. 그 말을 듣자 우리는 그 자리에 못 박혀 꼼짝도 할 수 없었다. 그 말은 분명 프랑스어였다.

"진정하고 내 말 좀 들어 보세요. 네드 랜드 씨, 그리고 아로낙스 박사!"

선장으로 보이는 남자가 차분한 목소리로 말했다.

"나는 이 배의 선장입니다. 여러분의 말을 모두 알아들을 수 있지요. 프랑

스어, 영어, 독일어 그리고 라틴어도 합니다. 그런데도 지금까지 대답하지 않은 건 여러분을 어떻게 처리해야 할지 곰곰이 생각하기 위해서였습니다. 나는 여러분의 말을 듣고 여러분이 누구인지 알았습니다. 여러분은 파리 자연사 박물관의 교수이며 과학자인 아로낙스 박사와 하인인 콩세유, 캐나다 출신의 고래잡이인 네드 랜드이지요?"

그는 유창한 프랑스어로 물었다. 나는 고개를 끄덕였다.

"저는 인간 사회와 인연을 끊고 바다 밑에서 사는 사람입니다. 그런데 여러분이 내 생활을 방해했지요."

일부러 그런 게 아니라고 내가 말하자 선장이 버럭 소리를 질렀다.

"에이브러햄 링컨호가 나를 없애려고 바다를 샅샅이 뒤졌는데도요? 당신들이 쏜 포탄이 내 배를 스치고 지나갔는데도요? 그것도 일부러 그런 게 아닙니까?"

"그건 당신의 잠수함이 배를 공격했기 때문입니다. 당신이 아니라 바다 괴물을 뒤쫓고 있었던 겁니다."

"만일 괴물이 아니라 잠수함이라는 걸 확인했다면 쏘지 않았을까요?"

나는 당황했다. 패러거트 함장은 고래가 아닌 잠수함을 발견했어도 포탄을 쏘았을 것이기 때문이다.

선장은 말없이 서 있다가 다시 입을 열었다.

"나는 당신을 받아들이기로 결정했습니다. 나는 여러분에게 자유를 허락하겠습니다. 단 한 가지 조건만 받아들인다면 말이지요."

"조건이 무엇인가요?"

"예기치 않은 상황이 벌어지면 내가 당신들을 오랫동안 선실에 가둬둘 수 있다는 겁니다."

"좋아요. 그런데 우리에게 허락한 자유란 것이 무엇입니까?"

"배 안을 맘대로 돌아다닐 자유입니다."

"우리가 원하는 건 육지로 돌아갈 수 있는 자유입니다."

"그건 안 됩니다."

"뭐? 그럼 우리가 앞으로 절대 육지로 돌아가지 못한다는 말씀입니까?"

"그렇습니다. 하지만 이곳에서 사는 일이 그리 나쁘지는 않을 겁니다."

"말도 안 돼! 나는 반드시 탈출하고 말 거야!"

옆에 있던 네드 랜드가 소리쳤다.

"선장, 당신은 너무 잔인합니다."

내가 흥분해서 말하자 선장이 대답했다.

"잔인하다니요! 당신들은 아무도 알아서는 안 될 내 존재의 비밀을 알아버렸습니다. 당신들을 살려 주면 내가 위험해질 겁니다. 그러니 나는 당신들을 절대 돌려보낼 수 없소!"

선장의 결심이 확고해서 그의 마음을 바꿀 수가 없을 것 같았다.

"아로낙스 박사, 당신은 이 배에서 보낸 시간을 절대로 후회하지 않을 겁니다. 나는 지금부터 바다 밑으로 세계 일주를 하려고 합니다. 오늘부터 당신은 새로운 세계를 여행하게 될 겁니다."

1 「해저 2만 리」를 읽고 물음에 답해 봅시다.

1. '나'는 어떤 일을 하는 사람인가요?

2. 선장이 아로낙스 박사에게 육지로 돌아갈 수 없다고 한 이유는 무엇인가요?

3. 글의 내용으로 보아 선장의 성격은 어떠할까요?

2 아로낙스 박사가 처한 상황이 어떠한지 써 봅시다.

3 다음과 같은 뜻을 지닌 속담을 떠올려 보고 빈칸에 공통으로 들어갈 속담을 써 봅시다.

아무리 어려운 일을 당하더라도 침착하게 대처하면 해결할 수 있다.

- 힘내! [　　　　　　] 잖아. 분명 해결 방법이 있을 거야.
- [　　　　　　] 더니 1학년 꼬마가 위급한 상황에서도 침착하게 119에 신고했다지 뭐야.

---

4 보기 와 같이 기자와 선장이 되어 인터뷰해 봅시다.

보기 **기자:** 아로낙스 박사와 하인인 콩세유, 네드 랜드가 잠수함에 오게 된 걸 알았을 때 기분이 어땠습니까?
선장: 낯선 사람들이 잠수함에 나타나서 깜짝 놀랐습니다.

- 기자:
- 선장:

5 「해저 2만 리」에 이어지는 내용입니다. 글을 읽고 내가 네드 랜드라면 어떤 말을 할지 써 봅시다.

네드 랜드는 네모 선장에 관해 묻기 시작했다. 그가 어디 출신인지, 우리를 어디로 데려가고 있는지, 무슨 이야기를 나누었는지 등……. 나는 내가 아는 모든 것을 이야기해 주고, 어떤 일이 일어나는지 주위를 잘 살펴보라고 일러 주었다.

그런데 바로 그때였다. 갑자기 불이 꺼지더니 방 안이 칠흑처럼 어두워졌다. 이윽고 노틸러스호 옆면 철판이 열리는 소리가 들렸다.

"아, 우린 이제 끝났어!"

네드 랜드는 나쁜 일이 벌어질 줄 알고 절망적인 목소리로 소리쳤다.

하지만 그것은 오해였다. 갑자기 객실 양쪽이 환해지더니 낯선 풍경이 눈앞에 펼쳐졌다. 유리창 너머로 바닷속이 훤히 들여다보이는 것이다. 아, 얼마나 멋진 광경인가!

우리는 감탄하며 유리창 앞에 멍하니 서 있었다.

"놀랍군. 정말 놀라워!"

콩세유가 감탄하자 네드 랜드가 중얼거렸다.

배움 다지기

- 인물의 입장이 되어 생각해 보았나요?

2 외계어인가, 신조어인가

◆ 적절한 근거를 들어 생각을 표현해 봅시다.

그림을 보고 이런 일이 왜 일어난 것인지 생각해 봅시다.

1 줄임말 대소동

"동우야, 생파랑 문상이 뭐야?"

"너는 몰라도 돼!"

용수와 아이들은 자기들끼리 키득거리며 교실로 돌아갔다. 텅 빈 복도에는 나 혼자 남았다.

일주일째 되던 날, 문방구에서 곰돌이 모양의 연필깎이를 만지작거리던 여자아이가 말했다.

"지은이 생일 파티 때 선물할 건데, 어때?"

"예쁘네. 그런데 촌스럽게 생일 파티가 뭐니? 생파라고 해야지."

"그러게. 참, 나는 생파 때 문화 상품권 주는 애는 싫더라."

"맞아. 나도 문상은 별로야."

'생파는 생일 파티, 문상은 문화 상품권을 줄인 말이었어?'

그동안 모르던 말의 뜻을 알게 되자, 마치 암호를 푼 것처럼 신이 났다.

가방 안에 지갑이랑 생일 초대장이랑 다 들어있는데, 그만 버스에 놓고 내렸다. 지나가던 할아버지에게 달려갔다.

"할아버지, 친구 '생파'에 가다가 '깜놀'해서 내렸는데, 어디가 어딘지 모르겠고……."

"어이구, 대체 뭔 소리를 하는지 알 수가 있어야지. 어른 놀리면 못써!"

"아줌마, 친구 '생파'에 가다가……."

"얘, 너는 어떻게 다 큰 애가 우리말도 잘 못하니? 나 바빠. 장난치지 마."

장바구니를 들고 가던 아줌마도 화를 내며 그냥 가 버렸다.

"?☆>;ㄹ,#%♬......!" (도와주세요. 길을 잃었어요!)

"쯧쯧, 집이 없나. 왜 저러고 있을까? 이상한 애네."

지나가던 아줌마가 이상한 눈으로 쳐다보았다. 똑바로 말하려고 하면 할수록 자꾸 더 이상한 줄임말들이 튀어나왔다.

'왜 이렇게 내 말을 못 알아듣는 거야? 나는 외계인이 아니야! 대한민국 사람이라고!'

2

초등생 자녀를 둔 학부모 10명 중 6명은 자녀가 쓰는 신조어·줄임말 때문에 자녀와 소통하는 데 어려움을 겪는 것으로 나타났다.

직업 체험 테마파크에 따르면 초등생 학부모 111명에게 '자녀의 신조어·줄임말 사용에 대해 어떻게 생각하는지'를 물은 결과 '소통의 단절(끊김)과 세대 차이를 느낀다.'고 답한 학부모가 63%로 가장 많았다. 뒤이어 '우리말이 훼손되는 것이 안타깝다.'고 답한 학부모가 21%였다.

같은 기간 9~13세 어린이 317명을 대상으로 조사한 결과, 초등생이 하루에 사용하는 신조어·줄임말의 수는 평균 2.2개인 것으로 나타났다. 자주 쓰는 신조어·줄임말에는 '핵노잼(엄청나게 재미없다)'이 23%로 가장 많았고, 뒤이어 '생선(생일 선물)'이 22%, '노답(답이 없다)'이 18% 순이었다.

3 언어는 사회를 비추는 거울

TV나 인터넷에는 지금의 사회와 사람들의 모습을 반영하는 신조어(새로 생긴 말)가 쏟아져 나온다.

우리말의 변화를 관찰하고자 정기적으로 새로 나타난 낱말을 살피는 국립 국어원은 2013년 7월부터 2014년 6월까지 139개 온·오프라인 대중 매체에 등장한 새로운 낱말 334개를 조사한 결과를 발표했다.

국립 국어원은 매년 신조어를 조사해 사람들이 얼마나 지속적으로 사용하는지, 공식적으로 인정할 만큼 교양 있는 단어인지 등을 판단한 뒤 이 중 일부는 사전에 올리거나 표준어로 인정하기도 한다.

이번에 발표된 신조어에는 특정한 행동을 하는 사람들의 무리를 가리키는 어휘가 많았다. '모루밍족(제품을 오프라인 매장에서 자세히 살펴보고 살 때는 모바일을 통해 싸게 구입하는 사람)', '앵그리 맘(자녀의 교육과 관련한 사회 문제에 분노해 적극적으로 그 해결에 참여하는 여성)'이 대표적이다.

인터넷과 소셜 네트워크 서비스(SNS) 등 통신과 관련한 신조어도 있었다. '먹스타그램(자신이 먹은 음식 사진을 SNS에 올리는 행위)', '인생짤(인생에 한 번 있을까 말까 할 정도로 잘 나온 사진)', '광삭(빛의 속도처럼 빠르게 삭제함)' 등이 여기에 속한다.

1 글을 읽고 물음에 답해 봅시다.

1 「줄임말 대소동」에서 복도에 혼자 남은 '나'는 어떤 기분이었을까요?

2 「줄임말 대소동」에서 사람들이 '내'가 하는 말을 못 알아들은 이유는 무엇인가요?

3 글에 등장하는 신조어는 어떤 것들이 있었나요?

2 신조어를 사용하는 사회 모습을 떠올리며 물음에 답해 봅시다.

1 글 2를 살펴보고 글의 내용에 어울리는 제목을 지어 보세요.

2 '언어는 사회를 비추는 거울'이라는 뜻이 무엇인지 찾아 써 보세요.

3 다음의 뜻을 가진 낱말을 글에서 찾아 써 봅시다.

- 어떤 사실을 그대로 드러내거나 보여 주는 것을 비유적으로 이르는 말
- 모범이나 교훈이 될 만한 것
- 빛의 반사를 이용해 물체의 모양을 비추어 보는 물건

4 신조어 사용에 대한 나의 생각을 적절한 근거를 들어 써 봅시다.

5 1445년에 편찬된 「용비어천가」의 한 구절을 현대어로 다시 써 보고 시대별 신조어를 살펴봅시다.

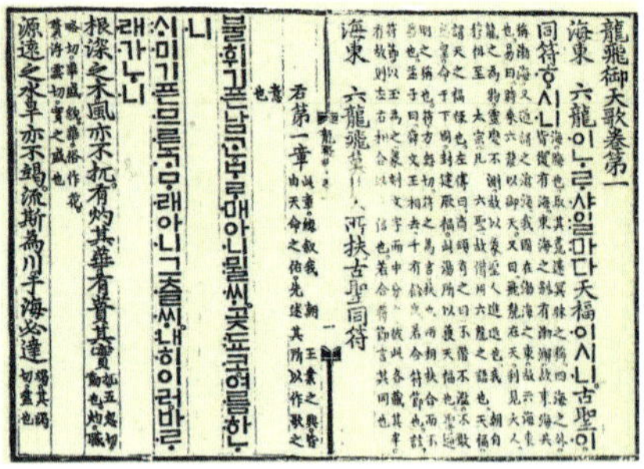

오늘날에 오면서 달라진 단어

불휘 → 뿌리	남ᄀᆞᆫ → 나무	ᄇᆞᄅᆞᆷ → 바람
뮈다 → 흔들리다	곶 → 꽃	됴타 → 좋다
여름 → 열매	하다 → 많다	믈 → 물
ᄀᆞᄆᆞᆯ → 가뭄	ᄇᆞᄅᆞᆯ → 바다	

원문

불휘 기픈 남ᄀᆞᆫ ᄇᆞᄅᆞ매 아니 뮐ᄊᆡ 곶 됴코 여름 하ᄂᆞ니
ᄉᆡ미 기픈 므른 ᄀᆞᄆᆞ래 아니 그츨ᄊᆡ 내히 이러 바ᄅᆞ래 가ᄂᆞ니

시대별 신조어

2002년	초딩, 얼짱, 몸짱	2005년	안습, 흠좀무, 열폭, 지못미
2006년	엄친아, 된장녀, 훈남, 듣보잡	2007년	킹왕짱, 넘사벽
2010년	레알, 차도남	2014년	혼밥, 썸
2015년	금수저	2018년	소확행, 갑분싸, 케바케, 이생망

배움 다지기

- 적절한 근거를 들어 생각을 표현했나요?

3 영원한 삶은 행복일까

◆ 글의 내용을 살펴보고 의견을 정해 봅시다.

「트리갭의 샘물」의 내용을 살펴봅시다.

트리갭의 샘물

찌는 듯이 더운 여름날, 따분한 일상생활에서 탈출하고 싶었던 위니는 숲에서 아주 작은 샘을 발견합니다. 마침 목이 말랐던 위니는 샘물을 마시려 하지만 제시라는 소년이 나타나 마시지 못하게 합니다. 제시는 의아해하는 위니를 집으로 데리고 가서 자기 가족의 놀라운 비밀을 들려줍니다.

아버지 터크, 어머니 매, 아들 마일즈와 제시는 숲을 지나다 우연히 샘물을 발견하고 온 가족이 아주 달게 샘물로 목을 축입니다. 터크 가족은 그곳에 정착하여 집을 짓고, 농사를 지으며 살게 되었습니다. 그런데 이 가족에게 놀라운 일이 계속하여 생겼습니다. 사냥꾼의 총에 맞은 말이 죽지 않고, 독사에 물린 아버지 터크도 무사합니다. 심지어는 칼에 손을 베어도 금방 아물게 되고, 터크가 자기 심장에 총을 발사해 관통시켰는데도 죽지 않습니다. 그리고 몇십 년이 지나도 가족 모두 늙지 않았습니다. 이웃들은

터크 가족이 마법사라면서 마을에서 내쫓았고 하염없이 세상을 떠돌며 영원히 죽지 않는 삶을 살게 되었습니다.

그러던 어느 날, 오래전에 들렀던 숲의 샘물을 다시 발견합니다. 그리고 샘물을 마시지 않은 고양이만 죽었다는 사실을 깨달았습니다. 자신들이 영원한 삶을 살게 된 것이 샘물 때문이라는 사실을 알았습니다.

아버지 터크는 절망합니다. 길가에 놓인 돌멩이처럼 존재할 뿐이라며 영원한 삶을 고통스럽게 생각합니다. 그러나 어머니 매는 주어진 순간에 최선을 다하며 기쁘게 살기로 마음먹습니다. 아들 마일즈는 영원한 삶을 통해 무엇인가 보람된 일을 하고 싶으며, 제시는 그저 행복하게 즐기기로 합니다.

터크 가족의 비밀을 알게 된 위니는 놀랐으나 이들의 비밀을 지켜주기로 합니다. 그리고 제시에게 받은 샘물을 마시고 함께 영원한 삶을 살며 즐겁게 지내자는 제안을 받습니다.

제시의 편지

사랑스러운 위니에게

위니야, 숲에서 너를 처음 만났을 때가 생각나는구나.

볼이 통통하고 사랑스러운 아이가 그 샘물을 먹으려 하는 모습을 보고 나는 놀라서 이상할 정도로 날카롭게 먹지 말라고 소리쳤었지. 늘 아버지가 그 샘물에 대한 비밀은 지켜져야 하고, 누구도 더는 그 샘물을 마셔서는 안 된다고 하셨기에 나도 모르게 그렇게 했던 거야. 아버지는 영원히 죽지 않는다는 것이 힘들고 고통스럽다고 하셔. 하지만 나는 그렇게 생각하지 않아. 나에게 시간은 끝이 없이 주어져 있고, 세상은 매우 볼 것이 많고, 변화무쌍하단다. 형은 영원히 죽지 않는 사람만이 할 수 있는 보람된 일을 찾아다니고 있어.

물론 가끔씩은 이리저리 떠돌아다니는 것이 싫기도 하단다. 이웃 사람들이 다 이상하게 생각하니까 우리는 한곳에 오래 살 수가 없어. 그래서 이십 년에 한 번씩은 먼 곳으로 떠나야 해. 마일즈 형을 좀 보렴. 시간이 갈수록 형의 아이들이 형보다 나이가 많아지는 거야. 그래서 어쩔 수 없이 가족을 버리게 된 거지. 그런 사소한 문제를 빼고는 정말 좋은 점이 많아. 나는 안 해 본 일이 없을 정도야. 내가 벌써 104세이니 말야. 역사의 산증인이라고나 할까?

위니야. 너도 샘물을 마셨으면 좋겠어. 지금은 말고 오빠와 같이 열일곱 살이 되는 해에 마셔 줘. 나와 세상의 곳곳을 돌아다니며 구경하고, 즐겁게 살 수 있을 거야. 지금 당장은 고민이 되겠지. 내가 샘물을 주고 갈게. 그리고 네가 열일곱 살이 되는 해에 너의 대답을 들으러 올게. 너의 현명한 선택을 기다린다.

그때까지 잘 지내라.

너를 좋아하는 제시 오빠가

1 「제시의 편지」를 읽고 물음에 답해 봅시다.

1. 제시가 위니에게 편지를 쓴 이유는 무엇인가요?

2. 터크 가족은 영원히 죽지 않는 삶을 살게 된 것을 알고 각각 어떻게 생각했나요?

- 아버지:
- 형:
- 제시:

2 샘물을 마시고 영원히 죽지 않게 되었을 때의 좋은 점과 나쁜 점을 생각해 봅시다.

3 낱말의 뜻을 생각해 보고 사전에서 찾아 써 봅시다.

낱말	뜻
변화무쌍	내가 생각하는 뜻: 국어사전의 뜻:
현명	내가 생각하는 뜻: 국어사전의 뜻:
사소하다	내가 생각하는 뜻: 국어사전의 뜻:

4 위니가 어떤 선택을 해야 한다고 생각하는지 나의 의견과 이유를 써 봅시다.

나의 의견	
이유	

5 「진시황의 꿈」을 읽고 진시황에게 하고 싶은 말을 생각해 봅시다.

진시황의 꿈

진시황은 분열해 있던 중국을 역사상 최초로 통일하고 스스로 황제라고 불렀던 인물이다. 그러나 천하 통일이라는 엄청난 업적을 남긴 진시황도 죽음 앞에서는 두려움에 떨 수밖에 없었다.

진시황은 제국과 자신의 생명이 영원하기를 바라며 불로장생약을 구하려고 평생을 애썼다. 진시황은 서복에게 어린 소년, 소녀 3천 명과 보물을 실은 배를 거느리게 하여 신선이 사는 섬에서 불로장생•의 약을 구해오도록 하였다. 그러나 서복은 끝내 약을 구하지 못하고 도망쳐 버렸다.

그 후 진시황은 스스로 신선이라고 하는 노생과 후생을 궁으로 불러들여 불로장생할 수 있다는 신선술을 배우고자 했다. 그러나 그토록 후하게 대접을 해 주었던 노생과 후생이 자신을 비방하고 몰래 도망쳐 버리자 모든 잘못을 학자들에게 돌렸다. 학자들이 자신을 비방한다는 핑계로 수많은 책을 불태웠고 460여 명이나 되는 학자들을 붙잡아 구덩이를 파고 생매장해 버렸다. 이것이 바로 분서갱유(焚書坑儒) 사건이다.

이처럼 불로장생을 위해 온갖 노력을 기울였지만 진시황은 50세의 나이에 세상을 떠났고, 영원하기를 기원했던 통일 제국은 그가 죽은 지 3년 뒤에 역사 속으로 사라져 버렸다.

• 불로장생(不老長生): 늙지 아니하고 오래 삶

배움 다지기

• 의견을 정해 이유와 함께 쓸 수 있나요?

4 무기 팔지 마세요

◆ 주제에 대한 나의 생각을 써 봅시다.

글을 읽고 떠오르는 생각이나 느낌을 이야기해 봅시다.

전쟁은 놀이가 될 수 없습니다!

지금 세계 곳곳에서는 엄청나게 많은 사람이 전쟁으로 죽어 가고 있습니다. 그 가운데 가장 큰 희생자는 우리와 같은 어린이들입니다.

유니세프 자료에 따르면, 지난 10년 동안 2백만 명의 어린이가 전쟁으로 목숨을 잃었고, 6백만 명의 어린이가 불구자가 되었으며, 가족을 잃고 고아가 된 어린이는 헤아릴 수 없이 많습니다. 또 지금 세계에는 30만 명의 어린이들이 강제로 끌려가 전쟁터의 '총알받이'가 되고 있습니다. 심지어 이들 가운데는 겨우 7, 8세 정도의 어린이도 있다고 합니다. 놀이터에서 놀아야 할 어린이들이 전쟁터에서 죽어 가고 있는 것입니다.

우리는 어린이 여러분 모두에게 호소합니다. 총은 사람을 죽이는 무기이지, 장난감이 될 수 없습니다. 전쟁터는 놀이터가 될 수 없습니다.

무기 팔지 마세요

보미가 신문에서 눈길을 떼지 않고 중얼거렸다.

"이럴 줄 알았으면 좀 더 멋진 말을 궁리해 둘 걸 그랬어. 하지만 이렇게 갑자기 취재 요청을 할 줄 누가 알았나?"

아버지는 머리를 조금 들고 보미를 빤히 쳐다보았다. 보미는 신문을 접고 한숨을 푹 내쉬었다.

"무기! 전쟁! 내가 왜 겨우 열두 살의 나이에 이런 문제를 걱정하고 있어야 하지? 어느 날 교실에 들어섰을 때 콩알만 한 총알 하나가 내 이마를 딱 때렸을 뿐인데, 이제 세계 평화까지 걱정해야 하다니!"

보미는 정말 끔찍하다는 듯이 고개를 절레절레 흔들며 방으로 들어가 버렸다.

아버지는 벌떡 일어나 보미가 읽던 신문을 집어 들었다. 그것은 집에서 구독하는 신문이 아니었다.

신문 한구석에 여자아이가 노란 푯말을 들고 있는 사진이 한 장 실려 있었는데, 그 푯말에는 검정 글씨로 '무기 팔지 마세요!'라고 적혀 있었다. 그런데 그 사진 속에 있는 여자아이가 아주 낯익은 얼굴이었다. 아버지는 그 옆에 있는 기사를 읽고 떨리는 목소리로 어머니를 불렀다.

"여, 여보! 우리 보미가 신문에 실렸어! 신문에!"

전쟁을 반대하는 어린이들의 외침, “무기 팔지 마세요!”

지난 16일 소망 초등학교 ‘평화 모임’ 회원 25명은 ‘무기 팔지 마세요!’라고 적힌 푯말을 들고 학교 밖으로 나섰다.

지난달부터 이 학교 학생들은 ‘장난감 무기 버리기 운동’을 벌여 왔고, 그렇게 수거한 장난감 무기들을 ‘무기 판매 업체’인 문방구와 장난감 가게에 되돌려 주기로 한 것이다.

그러나 이 당돌한(?) 어린이들은 단지 장난감 무기만을 반대하는 것은 아니다. 세상에 존재하는 모든 무기를 반대하며, 그 무기들을 이용한 모든 전쟁에 반대하는 것이다.

이 학교 ‘평화 모임’ 회원들은 두 주에 한 번씩 벽보를 붙여 전쟁 반대의 뜻을 펴 왔다. 그리고 어린이들이 할 수 있는 실천 방법으로 ‘전쟁놀이 하지 말기’와 ‘장난감 무기 버리기’를 제안했다.

“어른들이 왜 전쟁을 벌인다고 생각하느냐?”는 물음에 이 학교 ‘평화 모임’ 회원인 강보미(12) 양은 도리어 이렇게 되묻는다.

“무기 없이 전쟁할 수 있나요? 무기를 만드는 사람이 있고, 무기를 파는 사람이 있으니까 전쟁을 하는 것이지요.”

같은 회원인 윤단비(13) 양도 덧붙였다.

“전쟁하는 어른들보다 더 나쁜 사람들은 무기를 파는 어른들이에요.”

1 「무기 팔지 마세요」를 읽고 물음에 답해 봅시다.

1 보미가 세계 평화까지 걱정한 일의 시작은 무엇인가요?

2 '평화 모임'이 반대하는 것은 무엇인가요?

3 '평화 모임'에서 어린이들이 할 수 있는 전쟁 반대의 실천 방법으로 제안한 것은 무엇인가요?

2 「무기 팔지 마세요」의 주제를 써 봅시다.

3 낱말에 알맞은 뜻을 찾아 줄로 이어 봅시다.

낱말	뜻
구독	마음속으로 이리저리 따져 깊이 생각함. 또는 그런 생각
취재	책이나 신문, 잡지 따위를 구입해 읽음.
궁리	작품이나 기사에 필요한 재료나 제재를 조사해 얻음.

4 「무기 팔지 마세요」의 주제에 대한 나의 생각을 펼쳐 봅시다.

5 「게임일까, 현실일까」를 읽고 전쟁 게임이 어떤지 생각해 봅시다.

게임일까, 현실일까

여러분이 전쟁 게임을 하기 위해 비디오 게임기를 들고 화면 앞에 앉아 있다고 생각해 보세요.

여러분은 나쁜 적군과 싸우고 있습니다. 게임에서는 왜 전쟁을 하는지 그리고 전쟁 말고 다른 해결 방법은 없는지에 대한 아무런 설명이 없습니다. 여러분은 그저 게임을 통해 적을 죽이기만 하면 되지요. 게임을 하는 것이기 때문에 죽은 사람이 나와도 그것이 실제가 아니라는 것을 여러분은 알고 있습니다. 그들은 여러분이 게임에서 이기기 위해 제거해야 할 장애물일 뿐입니다. 어떻게든 상대편을 모두 제거하면 이기는 것이지요. 물론 이것은 게임일 뿐입니다. 하지만 게임과 현실의 경계는 여러분이 생각하듯 그렇게 분명하지만은 않습니다. 비디오 게임을 통해 여러분은 세상을 바라보는 눈을 갖게 됩니다. 여러분의 생각은 비디오 게임이 짜 놓은 어떤 틀에 얽매입니다.

여러분이 전쟁 게임을 한다고 해도, 단지 재미 삼아 할 뿐 평화를 사랑한다는 것을 잘 압니다. 하지만 그 전쟁 게임이 실제 전쟁과 많이 닮았다는 점을 잊지 마세요. 현실에서 그런 일이 벌어진다면 얼마나 끔찍할지 생각해 보세요.

배움 다지기

- 주제를 정확하게 파악하고 나의 생각을 표현했나요?

5 함께 해결해요

◆ 문제의 적절한 해결 방법을 찾아봅시다.

그림을 보고 과거와 오늘날의 달라진 점을 생각해 봅시다.

대한민국이 늙고 있다

최근 텔레비전 뉴스나 신문 기사를 보면 '대한민국이 늙고 있다'는 표현을 많이 사용해요. 의학이 발달하고 생활 수준이 높아지면서, 사망률은 줄어들고 평균 수명이 늘어나 노인 수가 부쩍 늘었기 때문이에요. 그리고 저출산으로 어린이나 젊은이가 줄어들다 보니 우리나라 전체 인구 중에서 노인이 차지하는 비중이 매우 커졌어요.

아래 표를 보면, 1970년대의 우리나라 연령별 인구 분포도는 '피라미드형'이에요. 출생자 수가 노령층보다 훨씬 많았지요.

대한민국 인구 피라미드

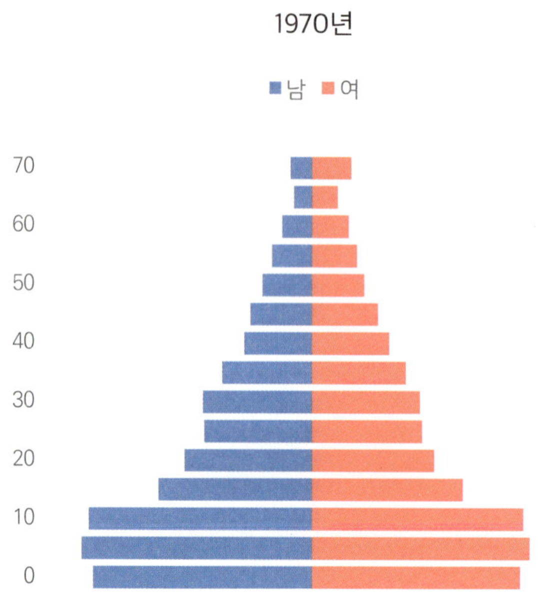

그러나 점차 전 연령이 고르게 분포된 '종형'이 되었어요. 현재 전 세계 추세가 바로 '종형'이에요. 그러다 우리나라는 빠른 속도로 '역피라미드형'이 되며 노령층이 매우 많아질 것으로 예상되고 있어요. 1970년에 3.1%였던 65세 이상 노인의 비율은 1990년대부터 빠르게 증가해서 2019년에는 11%로 높아졌

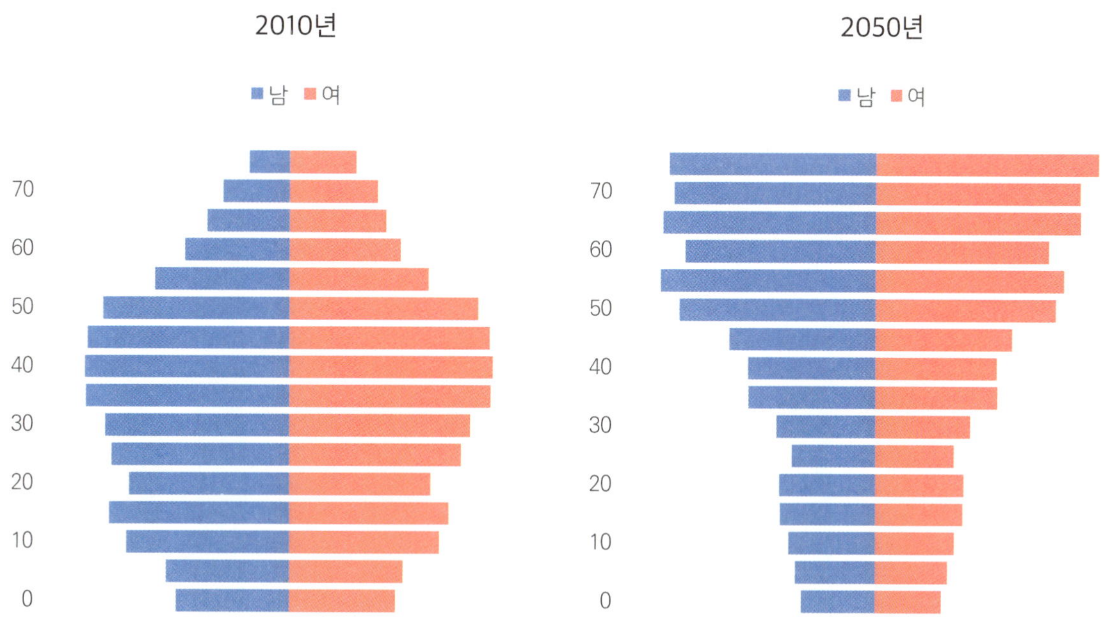

어요. 이 비율은 앞으로도 꾸준히 증가해서 2050년이 되면 무려 37.4%가 될 전망이라고 해요.

국제연합은 65세 이상 노인의 인구 비율이 전체 인구의 7%를 넘으면 '고령화 사회', 14%를 넘으면 '고령 사회', 20%를 넘으면 '초고령 사회'로 분류하고 있어요.

이에 따르면 우리나라는 이미 2000년에 고령화 사회가 되었고, 2017년 8월에 65세 이상 노인의 인구 비율이 14.02%가 되면서 고령 사회로 진입했어요. 이 추세가 지속된다면 얼마 가지 않아 초고령 사회가 될 거예요. 이 속도는 세계 어느 나라에서도 찾아볼 수 없을 만큼 빠른 증가 속도랍니다.

아마 여러분은 '노인 인구가 많은 게 뭐가 문제인데?'라는 의문을 품을 수 있을 것 같아요.

65세 이상의 노인이 많아진다는 것은 일할 수 있는 젊은 노동력, 즉 생산 가능 인구(15~64세)가 줄어든다는 뜻이에요. 노동력이 줄어들면 그만큼 생산성이 떨어지니 국가 경제가 어려워지겠지요?

한국의 인구 고령화 추이와 전망

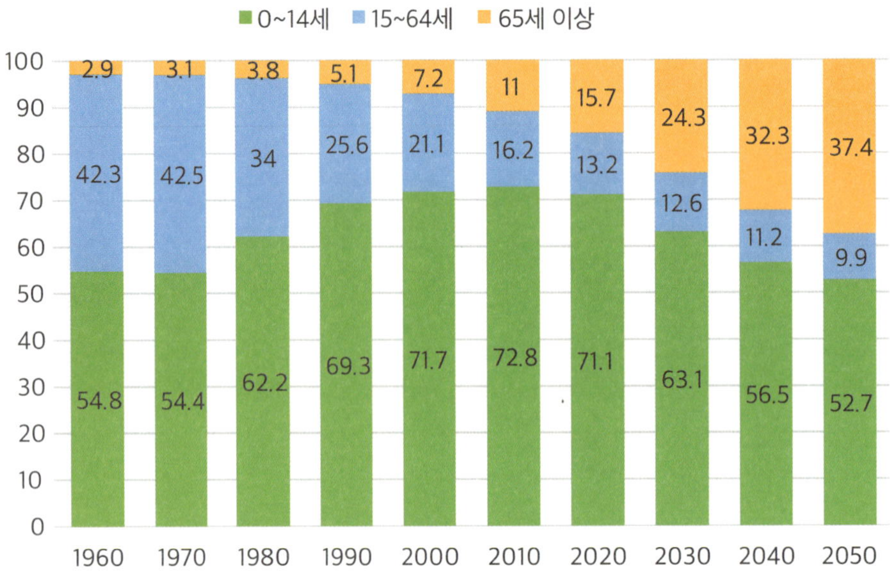

또 노인이 많을수록 젊은 사람들이 부양해야 하는 몫이 늘어나요. 우리나라는 경제 활동을 하는 사람들이 급여에서 일정 부분을 떼어 세금을 내고, 그 세

금의 일부를 노인들의 빈곤, 질병 등에 관한 문제를 해결하는 데 사용해요. 그런데 일하는 사람은 적고 노인이 많으면 자연히 세금이 늘어날 수밖에 없지요.

이 밖에도 여러 가지 노인 문제가 발생할 수 있어요. 보통 55~60세쯤 직장에서 은퇴하는데, 이른 나이에 사회에서 해야 할 역할을 잃었다는 상실감에 빠질 수가 있어요. 일자리를 잃으니 경제적인 부분도 어려워질 테고, 핵가족화로 인해 노인들이 따로 살다 보니 소외감과 외로움을 겪겠지요. 이미 이런 여러 가지 노인 문제가 발생하고 있고 앞으로 더 심해질 수 있기에 고령화에 대한 걱정의 목소리가 높은 거랍니다.

우리는 모두 나이를 먹고 늙기 마련이에요. 누구도 피해 갈 수 없지요. 그렇기에 고령화에 관해 관심을 갖고 그 대책에 동참해야 해요. 우리 사회는 나 혼자 살아가는 게 아니라 더불어 살아가는 것이니까요.

1 「대한민국이 늙고 있다」를 읽고 물음에 답해 봅시다.

1. '대한민국이 늙고 있다'는 표현은 무엇을 뜻하나요?

2. 국제연합이 분류한 '고령 사회'란 무엇인가요?

3. 우리나라가 고령화 사회가 된 이유는 무엇인가요?

2 노인 인구가 많아지면 발생할 수 있는 문제점을 찾아 써 봅시다.

5

3 낱말에 알맞은 뜻을 찾아 줄로 이어 봅시다.

낱말	뜻
추세	양이나 수치가 늚.
증가	생산품을 만드는 데에 소요되는 인간의 정신적·육체적인 모든 능력
노동력	생활 능력이 없는 사람의 생활을 돌봄.
부양	어떤 현상이 일정한 방향으로 나아가는 경향

4 고령화 사회의 문제를 해결하는 방안을 써 봅시다.

5 글을 읽고 다른 나라에서는 고령화 사회 문제를 어떤 방법으로 해결하는지 알아봅시다.

한국, 고령화-제조업 침체, '스웨덴식 모델' 해법

스웨덴을 우리나라 고령화 문제와 제조업 부흥의 벤치마킹 모델로 삼아야 한다는 분석이 나왔다.

전국경제인연합회에 따르면 스웨덴은 한국보다 먼저 고령 인구 비율이 20%를 넘는 초고령 사회에 진입했지만 출산 장려·이민자 포용 정책 등을 통해 고령화 문제를 해결한 것으로 파악됐다.

스웨덴은 강력한 인구 정책을 펼쳐 2017년 인구 증가율이 1.4%에 달했다. 반면, 같은 기간 한국의 인구 증가율은 0.4%였다. 스웨덴은 저출산에 대응해서 단순히 보조금을 주는 데 그치지 않고 보육과 노동 참여에 양성평등을 추구했다. 세계 처음으로 남성 휴직제를 도입했고 2016년에는 남성 의무 육아 휴직 기간을 여성과 같은 90일로 확대했다.

또, 스웨덴은 2014년 초고령 사회에 접어들면서 노인층의 경제 활동을 적극 장려했다. 2019년에는 65세 이상은 근로 소득세 일부를 면제하는 정책을 시작했다. 전경련 측은 '스웨덴의 노인층 근로 소득세율이 31.42%에 달하기 때문에 상당한 장려 효과가 있을 것'이라고 평가했다. 아울러, 6개월 이상 무직인 55세 이상 근로자를 채용하면 고용주에게 근로 소득세 1년 치의 2배에 달하는 보조금을 준다. 이런 인센티브 제공 등으로 스웨덴의 55~64세 고용률은 현재 78%에 달한다.

배움 다지기

- 문제의 적절한 해결 방안을 찾아 글로 썼나요?

6 리더의 조건

◆ 인물의 생각을 이해하고 생각을 펼쳐 봅시다.

그림을 보고 리더에게 필요한 덕목이 무엇인지 생각해 봅시다.

존경받는 기업가 라탄 타타

자동차를 만드는 어느 회사 회장이 간부들과 함께 차를 타고 이동하다가 도중에 타이어가 터졌습니다. 운전사는 다급히 길가에 차를 세우고 수리에 들어갔습니다. 그 사이 간부들은 차에서 내려 스트레칭을 하거나 잡담을 하고 있었습니다.

그때 누군가가 "우리 회장님 어디 가셨지?"라고 외쳤습니다. 찾아보니 그 회장님은 자동차 뒤에서 열심히 운전사의 타이어 교체를 돕고 있었습니다. 잭과 스패너를 쥔 회장의 솜씨는 누구보다도 능수능란했고 와이셔츠가 흥건해지도록 온몸에서 땀이 흘렀습니다. 이 모습을 본 간부들은 회장의 겸손함과 격의 없음에 진정한 리더십이 무엇인지 깨달았습니다. 인도 최대 재벌, 라탄 타타 회장의 이야기입니다.

라탄 타타가 차를 타고 가다가 무심하게 차창 밖을 바라보았습니다. 그 가

족은 어딘가로 나들이를 가는 모양이었습니다. 인도에서는 흔한 스쿠터를 타고 말입니다. 그런데 스쿠터를 탄 모양이 라탄 타타의 눈길을 끌었습니다. 스쿠터 한 대에 온 가족이 탔습니다. 아빠는 운전하고, 그 앞 발판에는 아이가 서 있었습니다. 뒤에는 엄마가 다른 아이를 안았는데 손에는 보따리까지 들려 있었습니다.

'나들이 가는 모양인데 왜 저렇게 위태롭게 보이지?'

한번 그런 생각을 하니 길거리에 스쿠터를 타고 다니는 사람만 보였습니다. 그리고 스쿠터를 타고 다니는 가족이 많다는 것을 알았습니다. 스쿠터 한 대에 온 가족이 타고 위태롭게 거리를 달리는 것이 인도의 풍경이라고 해도 될 정도였습니다.

인도의 서민 대부분은 2백~6백만 원을 가지고 1년을 살아가는데 자동차 한 대 값은 보통 1천만 원이 훌쩍 넘었습니다. 반면 스쿠터는 몇십만 원만 있으면 살 수 있었습니다. 이것이 인도 사람들이 스쿠터를 많이 탈 수밖에 없는 이유였습니다.

'좋아, 우리가 서민들을 위해 값싼 자동차를 만들어 주자!'

인도의 국민 자동차 '나노'

저가의 자동차 개발 과정은 쉽지 않았습니다. 가격을 낮추려니 더 높은 기술이 필요했기 때문에 그 과정은 무수한 시행착오의 연속이었습니다. 새로운 시도가 실패할 때마다 연구원들은 회장의 눈치를 보면서 무서운 질책을 받지는 않을지 긴장했지만 라탄 타타는 끝없이 올라오는 실패 보고를 한 번도 큰 소리로 질책하지 않았습니다. 인도 국민을 위하는 일을 하는데, 직원도 인도 국민 중 일부이니 당연히 존중해야 한다는 생각이 있었기 때문입니다.

2008년 그는 '나노'라는 자동차를 세상에 내놓았습니다. 가격은 10만 루피! 우리 돈으로 2백5십만 원입니다. 세계에서 가장 싼 자동차였습니다. 정말로 약속을 지킨 것입니다. 싼값에 만들어야 하니 나노에는 에어컨이 없고 차창을 올릴 때는 손으로 손잡이를 돌려야 하고, 속도도 시속 100km 이상 나오지 않았습니다. 어떤 사람들은 나노를 싸구려 자동차라며 비웃기도 했습니다.

"굴러간들 그런 자동차를 만들면 이윤을 남길 수 없어 회사는 망하고 말걸."

라탄 타타는 주위의 비난과 걱정을 웃음으로 받아넘겼습니다.

타타, 라탄(나발)

라탄 타타의 진심은 인도 사람들에게 그대로 전해졌습니다. 인도의 서민들이 나노를 사고, 나노를 타고, 나노와 함께 행복해하기 시작한 것입니다. 나노는 현재 인도에서 가장 사랑받는 국민 자동차가 되었습니다.

인도에서 가장 존경받는 회사, 140년의 역사와 30만여 명이나 되는 직원이 있는 회사, 회사를 운영해 번 돈의 60%를 사회에 돌려주는 회사, 학교에 다니지 못하는 가난한 아이들에게 등록금을 대 주고, 학교를 지어 주는 회사. 모두 인도 사람들이 국민 기업 타타를 부르는 여러 이름입니다.

라탄 타타가 직접 이재민들과 함께 생활하면서 만들어 낸 2만 5천 원짜리 정수기, 가난한 사람들을 위해 만드는 77만 원짜리 집까지 인도인들에게 인간답게 살 기회를 주는 소중한 물건들. 그것을 만드는 회사가 타타 그룹이고, 신의와 헌신을 바탕으로 그 회사를 이끄는 사람이 바로 라탄 타타입니다.

1 「존경받는 기업가 라탄 타타」를 읽고 물음에 답해 봅시다.

1 인도 사람들이 스쿠터를 많이 타는 이유는 무엇인가요?

2 '나노'를 만든 라탄 타타의 진심은 무엇이었나요?

3 자동차 개발 기간 동안 끊임없는 실패에도 라탄 타타가 직원들을 질책하지 않은 이유는 무엇인가요?

2 라탄 타타가 아래와 같이 말하는 사람들에게 어떻게 말할지 짐작해 써 봅시다.

리더: 내가 얼마나 힘들게 이 자리까지 왔는데, 당연히 이런 힘든 일은 아래 직원에게 시켜야지.

직원: 쉬엄쉬엄하는 거지. 리더라는 사람이 뭘 그렇게 자기가 연구하고 공부를 해?

3 보기 의 낱말 중 두 가지를 골라 뜻이 통하는 짧은 글을 지어 봅시다.

보기 리더십 위태롭다 질책 신의 헌신

4 라탄 타타의 리더십에 대한 생각을 쓰고 리더에게 필요한 덕목을 만들어 봅시다.

라탄 타타의 리더십

리더에게 필요한 덕목

5 나는 어떤 리더가 될 수 있을지 생각해 보며 나의 강점을 써 봅시다.

- 빨간색 리더 사랑형 리더, 따뜻한 마음
- 상대방에게 필요한 사랑을 베풀어야 한다.

- 주황색 리더 브랜드 리더, 튀는 아이디어
- 미래에 대한 안목이 있어야 한다.

- 노란색 리더 노심초사형 리더, 미래를 걱정
- 크게 보는 생각을 가져야 한다.

- 초록색 리더 성실한 추진력으로 도전하는 파워 리더
- 솔선수범하여 실천으로 보여 주어야 한다.

- 파란색 리더 지식으로 이끄는 슈퍼 리더
- 냉철한 판단력을 지녀야 한다.

- 남색 리더 카리스마형 리더, 장기적인 비전
- 멀리 크게 보는 로드맵을 지녀야 한다.

- 보라색 리더 약점을 강점으로 바꾸는 변혁적 리더
- 소신을 가져야 한다.

배움 다지기

- 인물의 생각과 삶을 이해하고 나의 생각을 썼나요?

7 바이오 인증 기술의 두 얼굴

◆ 적절한 근거가 드러나게 나의 의견을 써 봅시다.

그림을 보고 본인 인증 과정에서 불편했던 경험을 떠올려 봅시다.

바이오 인증 기술, 일상 속으로

"은행에서는 여러 방식으로 인출이 가능해요.
가장 전통적인 통장부터 각종 카드, 스마트폰으로 인출을 진행하기도 하죠.
그다음 단계도 우리 일상 곁에 다가왔네요."

얼굴 생김새, 눈동자 등 개인 정보를 이용해 잠금을 푸는 것은 한때는 영화 속 기술이었지만, 더는 아닙니다. ○○은행이 시험적으로 도입했던 '손으로 출금' 서비스를 전국 영업점으로 확대한다고 해요. 이 서비스는 은행 창구에 놓인 휴대전화 크기의 전자 기기에 손바닥을 대면 본인임을 확인해 주는 바이오 인증 서비스예요. 개인마다 서로 다른 손바닥 정맥이 신분증 역할을 하니 신분증은 물론 통장, 비밀번호도 필요 없죠. 처음에 바이오 정보만 등록해 두면 본인 인증에 걸리는 시간은 단 1초. 지금까지 5만 명이 이 서비스를 신청했어요.

손바닥 정맥 바이오 인증 기술은 인터넷 뱅킹에 익숙하지 않은 고령층에도 유용할 거라는 기대가 높아요. 어르신들이 깜빡 신분증을 집에 두고 오거나 비밀번호가 기억나지 않더라도 은행 업무를 볼 수 있기 때문이죠.

이 서비스를 도입하기 위해 금융 위원회는 법까지 바꿨대요. 예금을 지급할 때 통장이나 인감을 확인해야 한다는 의무 조항을 아예 삭제했죠. 특혜는 아니에요. 손바닥 정맥 인증이 도장보다 훨씬 보안성이 높고, 성장성이 높다고 본 거예요.

그런데 모든 바이오 인증 기술이 잘 나가는 건 아닌 것 같아요. 최근 중국에서는 안면 인식 바이오 인증 기술의 소비자 반응이 미묘해 화제가 되고 있습니다. 중국은 QR 코드를 이용한 결제 서비스가 매우 발달해 있는데, 이와 연동해 고객의 얼굴을 인식하고 결제하는 안면 인식 바이오 인증 결제기가 야심차게 등장했습니다. 그러나 소비자의 이용률은 낮았어요.

이유는 크게 두 가지. 하나는 손의 정맥과 달리, 얼굴 사진을 거래용으로 등록한다는 사실에 중국 소비자들이 거부감을 느꼈다는 점입니다. 바이오 인증 기술의 최대 약점은, 개인 정보가 도난당하는 사고가 발생하면 비밀번호나 아이디가 노출되는 수준이 아니라, 그 사람의 신체 정보가 노출된다는 부분이에요. 손의 정맥 사진 정도라면 아직 괜찮지만, 얼굴 사진을 온라인에 등록한다는 건 거부감이 훨씬 강했던 거죠.

다른 하나는 시스템의 준비 부족입니다. 기존의 결제 서비스와 달리 포인트 적립이나 할인 등의 연계 기능이 아직 준비되어 있지 않았고, 이 때문에 중국 소비자들은 더욱더 안면 인식 결제 시스템을 사용해야 할 필요성을 느끼지 못했다고 해요.

기술적으로 뛰어나다고 모두 시장에서 성공하는 건 아니라는 사실. 잘 와닿네요.

1 「바이오 인증 기술, 일상 속으로」를 읽고 물음에 답해 봅시다.

① 은행에서 활용하는 바이오 인증 서비스는 무엇인가요?

② 중국에서 안면 인식 바이오 인증 결제 이용률이 낮은 이유는 무엇인가요?

2 바이오 인증 기술의 관점을 찾아 비교해 봅시다.

긍정	부정

3 빈칸에 알맞은 낱말을 글자표에서 찾아 써 봅시다.

불	연	애	예
직	인	출	금
정	맥	미	요
말	오	묘	일

- 금융 기관에 맡긴 돈을 찾음.

- 딱히 뭐라고 꼬집어 말할 수 없게 야릇하다.

- 혈액이 허파 및 신체의 말초 모세관으로부터 심장으로 되돌아올 때 통하는 혈관

4 바이오 인증 기술에 대한 나의 의견을 근거를 들어 써 봅시다.

5 「손가락에 심은 생체 칩」을 읽고 바이오 인증 기술의 발전을 생각해 봅시다.

손가락에 심은 생체 칩

손만 대면 문이 열리고, 쇼핑 결제가 되는 영화 같은 일이 현실이 되고 있습니다. 내 신원이나 카드 정보가 담긴 작은 칩을 이 손가락에 심는 기술이 거의 실용 단계입니다. 신기하기도 하고, 무섭기도 한 이 소식을 보도합니다.

2012년 영화 「토탈리콜」에는 몸에 심은 컴퓨터 칩으로 전화를 하거나 기억을 저장하는 장면이 나옵니다. 그 상상이 현실로 나타나고 있습니다. 본래 카드 키를 대야 문이 열리는 자동차에 손을 갖다 대자 문이 열립니다. 손가락 엄지와 검지 사이에 심은 생체 칩 때문입니다. 벤 워크맨(생체 칩 사용자)은 실험과 호기심 때문에 생체 칩을 심었다고 했습니다. 생체 칩을 주사기로 피부 아래에 넣고 태그를 튀어나오게 했다고 합니다.

생체 칩의 가장 큰 장점은 자동차 열쇠, 각종 카드 등의 정보를 하나의 칩에 담아 몸에 심을 수 있다는 것입니다. 미국의 한 회사에서는 2년 전부터 직원들 손에 칩을 심어 출입증을 대체할 수 있게 했고, 스웨덴에서는 생체 칩으로 계산은 물론 비행기나 기차를 탈 수도 있습니다. 손뿐만 아니라 뇌에 칩을 심는 연구도 한창입니다. 일론 머스크는 생체 칩 활용 기술이 문명 차원에서 정말 중요하고 엄청난 잠재력을 가지고 있다고 했습니다.

그러나 사생활 침해 논란에서 인간의 사이보그화라는 지적까지, 부정적인 여론도 만만치 않습니다. 상용화까지는 난항이 예상됩니다.

배움 다지기

- 적절한 근거가 드러나게 나의 의견을 썼나요?

8 두근두근 스포츠

◆ 글을 읽고 나의 경험과 비교해 봅시다.

그림을 보고 펜싱 선수가 승리할 수 있었던 힘이 무엇인지 생각해 봅시다.

마음으로 보는 스포츠

1960년대 미국 메이저 리그 피츠버그의 간판 투수였던 스티브 블래스는 팀의 에이스로 활약했다. 하지만 어느 날 갑자기 공이 생각대로 던져지지 않았고 성적은 빠른 속도로 곤두박질쳤다. 얼마 지나지 않아 결국 블래스는 선수 생활을 그만두었다. 단순한 슬럼프였을지도 모르는데, 더는 공을 잘 던지지 못할 거라는 부정적인 생각이 조금씩 커져 마침내 선수 생활을 할 수 없는 지경까지 이르렀다.

올림픽 같은 국제 스포츠 경기에서 선수 간 실력 차이는 그리 크지 않을 때가 있다. 실력도 중요하지만 자기 불안감을 어떻게 조절하느냐에 따라 경기 결과가 달라진다. 스포츠 심리학에서는 불안의 정도와 경기력의 관계를 밝혀냈다. 시합 때 생기는 약간의 긴장은 경기하는 데 도움을 주지만 적절한 수준을 넘어서면 오히려 안 좋은 영향을 끼친다. '적절한 수준'이라는 것은 운동 종목에 따라 조금씩 다르다.

양궁, 사격, 골프 등 집중력이 필요한 종목에서는 조금의 불안감만으로도 시합을 망칠 수 있다. 하지만 포환던지기 같은 종목은 다른 종목에 비해서 불

안이 끼치는 영향력이 적다. 최고 성적을 내는 데 필요한 긴장감은 개인에 따라서도 차이가 난다. 하지만 영향력이 크고 작음을 떠나 모든 선수가 얼마나 안정된 마음으로 경기를 하느냐에 따라 결과는 크게 달라진다.

메달 유망주들은 공통적으로 경기에서 지면 절대 안 된다는 생각이 다른 선수에 비해 강하다. 그만큼 불안감이나 부담감을 많이 느낀다. 선수마다 불안감을 표현하는 방식이 다른데 어떤 선수는 옷자락이나 얼굴을 계속 만지작거리기도 하고, 어떤 선수는 주변을 이리저리 둘러보기도 한다. 그래서 전문가들은 선수별 '맞춤 상담'을 제안한다. '부모님이나 이성 친구 등 사랑하는 사람을 생각하면 힘이 솟는다.'는 선수부터 '아무 생각이 안 나야 경기가 잘 된다.'는 선수까지 최고의 기량을 발휘할 수 있도록 개개인에 맞는 '마인드 컨트롤' 훈련을 한다.

마인드 컨트롤 이외에 평소 실전과 똑같은 조건에서 훈련하는 방법이 있는데, 이를 '루틴(routine)'이라고 부른다. 예를 들어, 세계적인 골프 선수 타이거 우즈는 '경기 시작 75분 전에 골프장에 도착하고, 시계 반대 방향으로 8자를 그리며 잔디밭을 돌아 공을 치는' 행동을 훈련이나 실전에서 모두 따랐다. 마린 보이 박태환 선수 역시 물에 뛰어들기 직전까지 음악을 듣는데 이 역시 루틴 가운데 하나이다. 평소 실전까

지 똑같은 루틴을 따라 하다 보면 선수들은 경기에만 집중할 수 있다고 한다.

우리나라 양궁은 지금까지 참가한 올림픽에서 가장 많은 메달을 딴 효자 종목이다. 올림픽 금메달을 따기보다 우리나라 국가 대표가 되는 일이 더 힘들다는 말이 나올 정도이다. 이 때문에 한국 양궁을 배우고 싶어 하는 나라들이 늘어나고 있다. 우리나라 양궁 팀이 세계 정상에 서게 된 비결은 무엇일까? 그 가운데에서도 강한 정신력을 가장 큰 이유로 꼽는다. 여기에는 양궁 대표 팀만의 독특한 훈련법이 중요한 역할을 했다.

2012년 런던 올림픽을 준비하면서 양궁 대표 팀은 야구장에서 훈련을 했다. 왜 많은 훈련장 중에 굳이 야구장을 선택했을까? 올림픽과 같은 큰 경기에서 맞닥뜨리는 긴장감을 가장 비슷하게 경험할 수 있는 곳이 바로 야구장이라고 한다. 대형 전광판에 자신의 모습이 비치고 관중의 함성과 갖가지 소음이 동시에 들리면 누구나 긴장한다. 그런 상황에서 자신의 감정을 잘 조절하

는 것이 훈련의 핵심이다. 지금까지 메달을 딴 양궁 선수들을 대상으로 '가장 효과가 컸던 훈련을 꼽아 달라'는 설문에서 가장 많이 나온 답변이 바로 '야구장 훈련'이었다고 한다.

이외에도 한라산을 오르거나 영하 17도 혹한 속에 한강을 따라 수십 킬로미터를 걸으며 정신력을 강하게 키우기도 한다. 제주도 서귀포에서 강한 바람을 맞으며 훈련할 때도 있다. 이 모든 훈련은 경기 당일 날씨에 상관없이 당황하지 않고 차분히 경기를 진행하기 위해서이다.

비록 최근에는 하지 않지만 1990년대 초반까지만 해도 살아 있는 뱀을 목에 감거나 공동묘지에 다녀오는 담력 훈련을 했다고도 한다. 불과 1, 2점 차이로 메달 색깔이 바뀌는 양궁에서는 기술 못지않게 강한 정신력이 중요하기 때문이다. 20년 넘게 세계 최강을 지키는 한국 양궁에는 이처럼 선수들의 힘든 노력이 숨어 있다.

1 「마음으로 보는 스포츠」를 읽고 물음에 답해 봅시다.

① 스포츠 경기에서 선수가 불안하면 어떤 일이 생기나요?

② 국제 스포츠 경기에서 선수 간 실력 차이가 크지 않을 때 경기의 결과에 영향을 주는 것은 무엇인가요?

③ 선수들이 '마인드 컨트롤' 훈련과 '루틴'을 하는 이유는 무엇인가요?

2 양궁 대표 팀이 정신력을 기르기 위해 선택한 훈련 방법을 찾아 써 봅시다.

3 빈칸에 들어갈 낱말을 글에서 찾아 써 봅시다.

- 기술적인 재능이나 솜씨를 [ ][ ] 이라고 한다.
- 몸이 대번에 뒤집혀 갑자기 거꾸로 내리박히는 일을 [ ][ ][ ][ ] 이라고 한다.
- 심신의 상태 또는 작업이나 사업 따위가 일시적으로 부진한 상태를 [ ][ ][ ] 라고 한다.

4 운동이나 시합을 했을 때 스포츠 선수처럼 불안을 느꼈던 경험을 떠올려 보고 나만의 마인드 컨트롤 방법을 써 봅시다.

5 「응원 도구가 선수의 심리에 영향을 미칠까」를 읽고 선수의 심리에 영향을 주는 다른 예를 써 봅시다.

응원 도구가 선수의 심리에 영향을 미칠까

2010년 남아프리카 공화국 월드컵에서 '부부젤라'라는 응원 도구가 논란의 대상이 되었다. 아프리카 전통 악기인 부부젤라는 길이 60~130cm 정도 되는 플라스틱 나팔이다. 부부젤라는 그 음 자체가 저음이라 굉장히 멀리까지 소리가 전달되는 데다가 그 소리 자체도 무지막지한 음량을 자랑한다.

이 악기는 저음이 쉼 없이 계속돼 불편한 소음을 만들고, 멀리까지 들리기에 다른 소리를 모두 집어삼켜 다른 응원단이 큰 소리로 응원을 해 봐야 아무 소용이 없게 된다(화이트 노이즈 효과). 여러 나라가 항의를 했지만, 국제 축구 연맹(FIFA)은 부부젤라를 아프리카 문화의 한 부분으로 인정할 수밖에 없었다.

그렇다면 응원은 선수들에게 어떤 효과가 있을까? 몸이 피로해지면 집중하는 능력이 떨어지는데, 응원하는 소리는 집중을 높여 주는 효과가 있다고 한다. 반면, 상대 팀을 향한 적대적인 응원은 선수들의 심리를 불안하게 만들어 시야를 좁게 만든다. 이처럼 작은 실수 하나에 승리와 패배가 갈리는 운동 경기에서 응원은 시합 결과를 바꾸는 아주 중요한 요소가 된다.

배움 다지기

- 글을 읽고 나의 경험과 비교했나요?

9 착한 초콜릿, 나쁜 초콜릿

◆ 알게 된 내용을 바탕으로 설득하는 글을 써 봅시다.

달콤한 초콜릿을 먹어 본 경험을 떠올려 보고 초콜릿이 어디에서 왔을지 생각해 봅시다.

착한 초콜릿 사세요

내가 500원을 주고 산 지우개가 있는데, 반에서 가장 힘이 센 친구가 내 지우개가 마음에 든다면서 100원을 줄 테니 자기한테 팔라는 거야. 누가 봐도 불공평한 일이지만, 힘이 센 친구가 무서워 100원을 받고 그 지우개를 주고 말았어.

이런 일은 나라와 나라 사이에서 어떤 물건을 사고팔면서 흔히 벌어지는 일이야. 나라끼리 물건을 사고파는 일을 '무역'이라고 하는 건 알고 있지? 이 무역 과정에서 나라마다 가진 힘이 다르기 때문에 힘이 약한 국가에서 아주 불공평한 조건으로 힘이 센 나라에 자신들이 만드는 물건을 팔아야 하는 경우가 자주 일어나.

누가 봐도 참 불공평하지? 그래서 이런 일은 옳지 않다고 생각한 사람들이 제안한 해결 방법이 바로 공정 무역이야. 공정 무역은 말 그대로 '공평하고 올바른 무역'을 뜻한단다.

힘이 센 나라는 힘이 약한 나라가 만든 물건에 정당한 가격을 매겨 사고, 힘이 약한 나라는 일하는 사람들에게 그 일에 맞는 돈을 줄 수 있도록 하는 것이 바로 공정 무역의 핵심이야.

서아프리카에 살고 있는 알리 디아베이트라는 소년은 카카오 농장에서 하루에 12시간 이상 일을 해야 했어. 학교도 가지 못하고 제대로 된 음식도 먹지 못했지. 농장에서 주는 식사는 묽은 옥수수죽뿐이었어. 알리는 마스크도 쓰지 않고 카카오나무에 살충제와 농약을 뿌렸지.

그리고 아무런 안전장치 없이 나무에 올라가 긴 칼로 카카오 열매를 땄어. 하루에 따야 할 만큼의 카카오 열매를 다 따지 못한 아이들은 심하게 매를 맞았지. 알리를 포함해 이 카카오 농장에서 일하는 아이들은 대부분 아홉 살에서 열두 살 사이의 아주 어린 친구들이었어.

알리는 몇 년 동안 수만 개의 카카오 열매를 땄지만 자신이 따는 이 열매가 어디에 쓰이는지 전혀 몰랐단다. 알리는 초콜릿이라는 걸 들어 본 적도 없었고 어떻게 생긴 것인지도 몰랐지. 단 한 번도 초콜릿을 맛본 적 없었거든!

이 아이들이 이렇게 일해서 버는 돈은 일 년에 150달러도 채 되지 않아. 한국 돈으로는 겨우 17만 원 정도의 적은 돈을 받고, 하루도 쉬지 않고 일 년 내내 일해야 하는 거야. 우리가 쉽게 사 먹는 초콜릿이 이런 아이들의 손으로 만들어졌다는 걸 믿을 수 있니?

왜 이런 일이 벌어졌을까? 답은 초콜릿을 만드는 국제적인 대기업 때문이야. 초콜릿 제품이 널리 보급되고 인기를 끌기 시작하면서 카카오 농장이 많이 늘어났어. 이 때문에 전 세계에 초콜릿 제품을 팔고 있는 대기업들은 카카오를 생산하는 가난한 나라에서 아주 싼값으로 카카오를 사들일 수 있게 됐지.

만약 대기업이 원하는 가격에 팔지 않으면 애써 키운 카카오를 팔 곳이 없게 돼. 농민들은 할 수 없이 그들이 원하는 싼 가격에 카카오를 팔아넘겨야 하지. 그런데 농민들이 카카오를 팔아서 벌 수 있는 돈은 일 년에 우리 돈으로 많아야 고작 30만 원 안팎이야.

이렇게는 생활을 유지할 수 없기 때문에 아이들을 카카오 농장에서 일하게 내보내는 부모들도 있어. 하지만 더 놀라운 건, 그 아이들 대부분은 어딘가에서 납치당해 카카오 농장에 노예로 팔린 아이들이라는 거야! 어린아이들에게 농장 일을 시키면 어른에 비해 돈을 적게 줘도 되거든.

초콜릿에 이렇게 무시무시한 뒷이야기가 숨겨져 있다는 것을 안 사람들은 더 이상 아이들을 고통받게 해서는 안 된다고 생각했어. 이 일을 해결하기 위한 가장 좋은 방법은 바로 카카오 열매에 적당한 값을 치르는 거였지.

카카오나무를 기르는 사람들이 생활을 유지할 수 있는 최소한의 값을 보장해 주면, 이들이 자신의 아이를 학교에 보내고 우물을 파거나 병원을 지어 더 나은 생활을 할 수 있게 되니까 말이야.

공정 무역을 하는 회사들은 특정 지역과 공정 무역을 하기로 약속하고 그곳에서 원료를 공급받는 방식으로 회사를 운영하고 있어. 원료를 만드는 사람들은 정당한 가격을 받아서 좋고, 물건을 사는 사람들은 좋은 품질의 원료로 만든 물건을 사면서 가난한 아이들을 도울 수 있어 좋은 거지.

하지만 공정 무역이 무조건 좋은 것만은 아니라는 의견도 만만치 않아. 공정 무역으로 원료 생산지에서 조금 더 비싼 가격을 주고 원료를 사 오는 건 오히려 원료 가격만 올릴 수도 있는 일이니까. 만약 모든 무역이 공정 무역 방식을 택한다면, 일반 사람들이 사용하는 물건의 가격이 지금보다 비싸지는 건 당연한 일일 거야.

또 어떤 물건에 '공정 무역'이라는 이름을 붙이는 건 단순히 가격을 올리면서도 양심적인 물건이라고 주장하려는 기업의 속임수일 뿐이라고 말하는 사람들도 있어. 물건을 사는 사람들의 양심을 자극하는 광고에 지나지 않는다는 거야. 공정 무역은 '힘이 세고 부자인 나라가 약하고 가난한 나라에 조금 더 베푸는 것'이라는 생각이 바탕이 되기 때문이지.

공정 무역이 실제로 세계의 많은 문제를 한 번에 해결할 수 있는 방법은 아니야. 하지만 지구 반대편에서는 우리가 당연히 누리고 있는 것을 전혀 누리지 못하고 고통받는 아이들이 있고, 전 세계 사람들이 그런 아이들을 도울 수 있는 방법을 계속해서 찾아야 하는 것만은 변함없는 사실이란다.

1 「착한 초콜릿 사세요」를 읽고 물음에 답해 봅시다.

1 공정 무역이란 무엇인가요?

2 카카오 농장에서 어린아이들이 많이 일하게 된 이유는 무엇인가요?

3 우리가 공정 무역에 관심을 가져야 하는 이유는 무엇인가요?

2 빈칸에 알맞은 낱말을 글자표에서 찾아 써 봅시다.

규	원	채	공
제	료	무	정
공	급	역	할
부	수	보	장

- 나라와 나라 사이, 지방과 지방 사이에 서로 물건을 사고팔거나 교환하는 일

- 어떤 일이 어려움 없이 이루어지도록 조건을 마련하여 보증하거나 보호함.

3 새롭게 알게 된 공정 무역의 내용을 정리해 봅시다.

카카오 열매를 따는 아이들의 모습은 어떠한가?

________도 가지 못하고 제대로 먹지도 못한 채 ________시간 이상 일을 한다. ________을 보장받지 못하고 나무에 약을 주거나 열매를 딴다. 1년에 17만 원 정도의 ________________.

공정 무역은 왜 필요할까?

공정 무역, 무조건 좋은 것일까?

원료 가격만 올릴 수도 있는 일이고, 모든 무역이 공정 무역 방식을 택한다면 물건의 가격이 지금보다 더 ____________. 또 '공정 무역'이라는 이름을 붙여서 단순히 가격을 올리면서도 __________ 물건이라고 주장하려는 기업의 ____________ 생길 수 있다.

4 3에서 알게 된 내용을 바탕으로 설득하는 글을 써 봅시다.

설득하고 싶은 생각이 드러나는 제목

문제 상황, 설득하고 싶은 이유, 흥미를 끄는 질문 등

구체적이고 사실적인 자료를 활용한 근거 제시

생각을 강조, 요약하거나 실천 후의 긍정적 모습 등

배움 다지기

- 새롭게 알게 된 내용을 바탕으로 설득하는 글을 썼나요?

10 또 다른 세상

◆ 글의 내용을 간추려 봅시다.

별을 선으로 연결해 나만의 별자리를 만들어 봅시다.

별자리 이야기

약 5천 년 전, 바빌로니아• 지역에 살던 유목민들은 양을 키우며 살았다. 밤이면 양 떼를 모아 놓고 지키면서 밤하늘의 별들의 모양에 특별히 관심을 가졌다. 그리하여 태양과 행성이 지나는 길에 따라 배치된 별자리에 양, 황소, 쌍둥이, 게, 사자 등의 이름을 붙여 주었다. 같은 시기에 고대 이집트에서도 이미 43개의 별자리가 있었다고 한다.

그 후 바빌로니아와 이집트의 천문학이 그리스로 전해지면서 별자리 이름에 그리스 신화 속의 신과 영웅, 동물의 이름이 더해졌다.

15세기 이후 유럽 사람들은 새로운 땅을 찾아 배를 타고 바다로 나갔다. 드넓은 바다를 항해하며 지구 남쪽 하늘의 새로운 별들을 관찰하면서 공작새, 날치자리 등 새로운 이름을 붙여 주었다.

한편, 중국과 인도 등 동양에서도 서양의 것과 다른 형태로 별을 관찰하고 별자리에 이름을 붙여 주었다고 한다. 우리나라도 중국의 영향을 받아 우리나라 고유의 별자리를 갖고 있었다.

이처럼 여러 별자리가 곳에 따라 조금씩 달랐고 이름도 달라서, 자주 혼동이 생기고 불편한 일이 많았다. 그리하여 1930년 여러 나라의 천문학자들이 모여 밤하늘을 88개의 별자리로 나누기로 결정하고 오늘날까지 사용하고 있다.

별자리를 이루는 별들은 저마다 밝기가 다르다. 그중에서 눈에 잘 띄는 밝은 별은 자기만의 이름을 갖고 있다. 거문고자리의 가장 밝은 별은 직녀성이고, 큰개자리의 가장 밝은 별은 시리우스라고 부른다.

17세기에 요한 바이어란 사람은 좀 더 어두운 별까지 이름을 붙이는 방법을 찾아냈다. 별자리에서 가장 밝은 별을 알파• 별, 그다음을 베타• 별, 감마• 별 순으로 붙이는 방법을 생각해 낸 것이다. 또 영국의 플램스티드는 별자리 내

백조자리

페가수스자리

에서 가장 서쪽에 있는 별을 1번으로 정하고 동쪽으로 가면서 번호를 늘려가는 방법을 정하였다.

우리는 밤이 되면 태양 반대편에서 비추는 별빛을 보게 된다. 그러나 지구에서 보았을 때 태양 쪽에도 별자리가 있다. 태양 쪽의 별빛은 태양 빛이 매우 강하기 때문에 볼 수 없다. 그런데 지구는 태양 주변을 1년에 한 번씩 공전하기 때문에 우리가 볼 수 있는 별자리도 이동하는 것처럼 보이게 된다. 계절에 따라 관찰할 수 있는 별자리가 각각 다른 것은 바로 이 때문이다.

봄에 관찰할 수 있는 별자리는 사자자리, 컵자리, 까마귀자리, 사냥개자리, 처녀자리, 천칭자리 등이 있다. 여름에는 거문고자리, 뱀자리, 전갈자리, 백조자리, 화살자리, 방패자리 등의 별자리를 관찰할 수 있다. 가을의 별자리는 염소자리, 페가수스자리, 물병자리, 남쪽물고기자리, 양자리, 삼각형자리 등이 있다. 마지막으로 겨울의 별자리에는 황소자리, 오리온자리, 쌍둥이자리, 토끼자리, 큰개자리, 게자리 등을 관찰할 수 있다.

- 바빌로니아: 메소포타미아의 동남부 유프라테스강과 티그리스강의 하류 지방. 메소포타미아 문명의 발상지이다.
- 알파(α), 베타(β), 감마(γ): 그리스 문자의 첫째, 둘째, 셋째 자모

1 「별자리 이야기」를 읽고 물음에 답해 봅시다.

① 여러 천문학자가 밤하늘의 별들을 88개의 별자리로 나눈 이유는 무엇인가요?

② 요한 바이어가 별의 밝기를 구별한 방법은 무엇인가요?

③ 계절에 따라 관찰할 수 있는 별자리가 다른 이유는 무엇인가요?

2 「별자리 이야기」의 중심 내용을 써 봅시다.

3 빈칸에 들어갈 낱말을 윗글에서 찾아 써 봅시다.

- [ ] : 배를 타고 바다 위를 다님.
- [ ] : 사람이나 물건을 적당한 자리나 위치에 나누어 둠.
- [ ] : 사물이나 현상을 주의하여 자세히 살펴보는 것을 말함.

4 「별자리 이야기」의 중심 내용을 바탕으로 전체의 내용을 간추려 봅시다.

5 봄철의 별자리 중 하나인 「사자자리」 이야기입니다. 내가 더 알아보고 싶은 별자리 이야기를 찾아 읽어 봅시다.

사자자리

옛날 하늘에서 불타는 유성이 나타나 제우스 신전 근처 네메아 골짜기에 떨어졌다. 그리고 사자로 변신하였다. 그 사자는 몸집이 크고 포악해서 온 나라 사람들이 벌벌 떨었다. 왕은 궁리 끝에 신들의 왕 제우스의 아들이자 당대의 영웅인 헤라클레스에게 사자를 물리쳐 달라고 부탁했다.

헤라클레스는 네메아 골짜기로 달려가 사자와 한바탕 싸움을 벌였다. 그러나 헤라클레스의 활과 화살, 창, 칼 등 어떤 무기로도 사자를 무찌를 수가 없었다. 그리하여 헤라클레스는 맨손으로 사자의 등에 올라타 결국 사자의 목을 졸라 죽이고 말았다.

온 나라 사람들은 헤라클레스에게 감사했고, 헤라클레스는 왕에게 큰 상을 받았다. 그것은 바로 어떤 무기도 뚫을 수 없는 사자 가죽이었다. 또한 제우스는 영웅 헤라클레스의 승리를 많은 사람에게 알리기 위해 사자를 하늘의 별자리로 올려놓았다.

따뜻한 봄이 오면 겨울 별자리들이 서쪽으로 물러가면서 내어준 하늘에서 사자자리를 찾을 수 있다.

배움 다지기

- 중심 내용을 바탕으로 글의 내용을 요약했나요?

11 보고 듣고 느끼고

◆ 경험한 일의 감상이 드러나게 글을 써 봅시다.

다음 장소 중 가 보고 싶은 곳을 생각해 봅시다.

페루 '마추픽추'

캐나다 '옐로나이프'

인도 '타지마할'

스페인 '사그라다 파밀리아 성당'

말들의 아우슈비츠, 소금 광산

이른 아침 시간에 비엘리치카에 있는 소금 광산으로 갔다. 내려오는 이야기로는 헝가리의 킹가 공주가 폴란드로 시집올 때 지참금으로 가져온 곳인데, 폴란드 국가 경제에 많은 도움이 되었다고 한다.

"378개의 나무 계단을 걸어서 내려가야 해요. 거기서부터 소금 광산의 관광이 시작됩니다. 여기에서는 광산에 종사하는 사람이 따로 안내하게 되어 있어요."

가이드 아주머니가 폴란드 광부 아저씨 한 분을 우리에게 소개했다.

우리는 아저씨를 따라 지하 통로로 들어섰다.

"조심해서 내려가자."

나는 아빠 손을 잡고 계단을 내려갔다. 돌고 도는 나무 계단은 아래로 끝없이 이어졌다. 그러다 어느 순간 뒤를 돌아보았다. 석주는 함께 출발했지만 자꾸만 뒤로 처지고 있었다. 게다가 무엇 때문인지 얼굴까지 잔뜩 찡그리며 한쪽 다리로 바닥을 구르기도 했다. 석주한테도 짜증 내는 모습이 있다는 게 약간 의아했지만 나는 그대로 아래를 향해 빠르게 내려갔다. 계단을 다 내려가서 계단에 얽힌 사연을 들었는데 아주 슬픈 이야기였다. 광부 아저씨가 설명하는 것을 가이드 아주머니가 옆에서 통역해 줬다.

"통로 바닥을 한번 내려다보세요. 양쪽에 파인 두 줄은 마차가 다니던 자국이에요. 그런데 그 마차를 끄는 말들이 문제였어요. 다 자란 말은 당시에 이곳까지 데리고 들어올 수 없었대요. 그래서 망아지 때 안고 들어와 이 안에서 키운 다음 마차로 소금을 날랐다고 해요. 그 망아지들은 여기에 들어온 후에는 햇빛을 전혀 보지 못해 실명한 채로 일을 했다고 합니다. 광부들 또한 갑자기 분출되는 가스 때문에 화재가 발생해서 많은 희생이 있었다고 해요."

가이드 아주머니 설명을 듣고 걸어 들어간 동굴은 그래서인지 더욱 어둡게 보였다. 게다가 그곳 통로는 공기가 들어오고 나가는 길 역할을 해서 바람이 무척 셌다. 바람을 막기 위해 곳곳에 문을 만들어 놓았는데, 마지막에 들어오는 사람은 그 문을 닫을 때 반드시 일행이 다 왔는지 확인을 해야 했다. 그러지 않으면 일행과 떨어지는 사람이 생길 수 있어서이다. 지하 동굴에는 2천 개가 넘는 방이 있기에 혼자 떨어져 그 안을 헤매는 것은 생각만으로도 아주 끔찍한 일이었다.

내가 본 것 가운데 가장 인상에 남는 것은 킹가 성당이었다. 세 명의 광부가 60년에 걸쳐 지었다고 하는데, 광부들이 자신의 안전과 두고 온 가족을 위해 기도하려고 소금 광산 안에 만들었다고 했다. 벽에 있는 조각이나 천장의 커다란 등까지 모두 소금으로 되어 있었다.

"우아, 과연 세계 문화유산답네요!"

아빠가 성당 안을 둘러보며 말했다. 나는 성당 벽을 만진 손가락을 입에 살짝 대어 보았다. 짠맛이 진하게 느껴졌다. 그때 석주가 아빠와 그곳 제단 앞에 가서 기도하는 모습이 보였다.

"망아지 이야기를 들으니까 불쌍하지? 그래서 여기를 '말들의 아우슈비츠•'라고도 한대."

석주가 기도를 마친 뒤 내게로 와서 말했다. 계단을 내려올 때 찡그리던 얼굴은 어느새 감쪽같이 사라지고 없었다.

다행히 동굴에서 위로 올라

올 때는 엘리베이터가 있어서 금세 지하를 벗어날 수 있었다. 밖으로 나오니 햇살이 눈부셨다. 그제야 카메라를 가져온 생각이 나서 밖에 있는 건물의 사진을 찍었다. 여러 각도로 건물 사진을 찍다가 처음으로 석주의 모습을 카메라에 담았다. 그러자 석주도 내 모습을 찍었다.

"둘이 같이 서 봐라."

아빠가 우리를 나란히 세웠다.

"어깨동무도 해 봐. 그렇지, 그렇지. 하나, 둘, 셋, 김치!"

활짝 웃는 얼굴로 카메라를 바라보았다. 둘 사이가 몇 장의 사진으로 한층 가까워진 느낌이었다.

● 아우슈비츠: 폴란드 남부, 크라쿠프 지방에 있는 화학 공업 도시. 제2차 세계 대전 때 나치의 강제 수용소가 설치되어 400만 명 이상의 유대인 및 폴란드인이 학살된 곳이다.

1 「말들의 아우슈비츠, 소금 광산」을 읽고 물음에 답해 봅시다.

1 글쓴이가 여행한 곳은 어디인가요?

2 가이드 아주머니의 설명을 듣고 걸어 들어간 동굴이 더욱 어둡게 보인 이유는 무엇일까요?

2 '킹가 성당'에서 알게 된 것과 킹가 성당을 보고 생각하고 느낀 점은 무엇인지 써 봅시다.

알게 된 것	
생각하고 느낀 점	

3 여행, 견학, 공연 관람 등 경험했던 것을 떠올려 감상이 드러나게 글을 써 봅시다.

4 여행했던 장소 중 가장 인상 깊은 곳을 안내하는 관광 엽서를 만들어 봅시다.

POST CARD

에서

에게

배움 다지기

- 경험한 일의 감상이 드러나게 글을 썼나요?

12 우리는 모두 예술가

◆ 아름다운 주변 환경을 만들기 위한 계획을 해 봅시다.

주변에서 아름다움을 느꼈던 경험을 이야기해 봅시다.

감천 문화 마을 「골목을 누비는 물고기」

양평 전통 시장 라온 마당의 기둥들

한전 울산 언양 변전소 벽화

광화문 복원 공사 가림막 「광화에 뜬 달」

회색 도시를 바꾼 예술가들

회색 도시 한복판에 한 소녀가 살고 있었어요. 그 애 이름은 '미라'인데, 그림을 그리고 색칠하는 걸 좋아했지요. 미라의 방은 색색의 그림으로 채워졌고 미라의 마음속엔 기쁨이 가득했어요.

어느 날, 미라는 학교 가는 길에 상점 주인인 헨리 아저씨를 만나 동그란 사과 하나를 주었어요. 유난히 눈이 반짝이는 로페즈 아줌마에게는 꽃 한 송이를 주었지요. 미라는 삭스 아저씨에게 노래하는 새를 주고 거리를 여기저기 돌아보는 경찰 아저씨에게는 빨간 하트를 선물했어요.

집으로 돌아오는 길, 미라는 그늘진 담벼락에 반짝이는 태양을 붙여 놓았어요. 도시의 칙칙한 회색빛이 좀 가셨지만 아직 충분하지 않았어요.

다음 날, 미라는 주머니 한가득 붓을 꽂은 아저씨를 보았어요. 아저씨는 벽을 물끄러미 바라보는가 싶더니 미라가 붙여 놓은 태양을 쳐다보고 있었어요. 아저씨는 손가락으로 네모를 만들고는 그 사이로 태양을 관찰했어요.

"뭘 보고 계세요?"

미라가 묻자 아저씨가 대답했어요.

"어쩌면 뭔가 아름다운 게…."

그러더니 아저씨는 물감 통에 붓을 담갔어요. 번쩍! 휘리릭! 어두운 그림자들이 허둥지둥 달아났어요. 파란 하늘빛이 칙칙함을 헤치고 들어왔어요.

"아저씨는 도대체 누구예요?"

"나는 예술가란다. 벽에 그림을 그리는 화가지."

"나도 예술가인데요!"

그러자 아저씨가 미라에게 붓을 건넸어요.

미라는 가장 화려한 색깔에 붓을 푹 담갔어요. 아저씨가 벽돌에 그림을 그리면 미라는 색칠을 하고, 활력과 생기를 불어넣었어요. 곧 삭스 아저씨도 함께했어요. 다른 사람들도 하나둘 찾아왔지요. 미라 엄마도 함께 그림을 그렸어요. 이웃들이 모두 모여 한바탕 동네 파티가 벌어졌어요.

바로 그때, 경찰 아저씨가 다가왔어요.

"실례합니다."

음악이 뚝 그쳤어요. 미라는 붓을 내려놓았지요. 경찰 아저씨는 목을 큼큼거리더니, 잠시 잠잠했어요.

"저도 같이 그려도 될까요?"

그 물음에 대답하듯 미라는 경찰 아저씨에게 붓을 건넸어요. 신나는 음악이 울리기 시작했지요. 선생님들도 아빠들도 뛰어들었어요. 미라와 아저씨는 사람들에게 붓을 자꾸자꾸 나눠 주었어요. 온 거리가 알록달록한 색으로 물들었어요.

미라와 아저씨가 가는 곳마다, 실을 맨 연처럼 아름다운 그림들이 따라다녔어요. 벽을 다 칠하고 나서 쓰레기 분리수거함과 벤치를 칠했어요. 보도에는 시를 적고 햇살을 그려 넣었지요. 그리고 모두 모두 춤을 추었어요.

여럿이 함께하니, 지금껏 상상했던 것보다 더 아름다운 걸 만들어 낼 수 있었어요. 사람들 옷마다 온갖 빛깔이 튀고 알록달록 물들었을 때 이젠 좀 쉬어야겠다고 모두 자리에 앉았지요. 화가 아저씨만 빼고요. 아저씨가 눈을 반짝이며 말했어요.

"여러분, 여러분은 모두 예술가예요! 온 세상이 여러분의 캔버스랍니다!"

1 「회색 도시를 바꾼 예술가들」을 읽고 물음에 답해 봅시다.

① 미라가 집으로 돌아오는 길에 회색 도시의 벽에 한 일은 무엇인가요?

② 화가 아저씨가 "여러분은 모두 예술가예요!"라고 말한 의미는 무엇이었을까요?

2 회색 도시를 위해 사람들이 어떤 노력을 했는지 찾아 써 봅시다.

도시의 원래 모습	생기 없는 칙칙한 회색 도시
사람들의 노력	
도시의 변화된 모습	온 거리가 알록달록한 색으로 물들고, 기쁨도 함께 퍼져 나갔다.

3 낱말의 뜻을 국어사전에서 찾아보고 문장을 만들어 봅시다.

가시다	뜻	
	문장	

4 공공 미술을 위한 사람들의 노력을 생각하며 「동피랑 마을」을 읽어 봅시다.

동피랑 마을

경상남도 통영시 언덕 위 마을 '동피랑'이란 이름은 '동쪽 벼랑'이라는 뜻이다. 구불구불한 오르막 골목길을 따라 바다가 한눈에 내려다보이는 동피랑 마을에 오르면 담벼락마다 그려진 형형색색의 벽화가 눈길을 끈다.

통영시는 낙후된 마을을 철거하여 동포루를 복원하고 주변에 공원을 조성할 계획이었다. 마을이 사라지는 것이 안타까웠던 주민들은 2007년 공공 미술의 가치를 걸고 벽화 그리기 대회를 열었다. 초등학생부터 대학생 단체, 여러 시민 단체, 봉사 단체, 지역 예술가 등 18개의 팀이 낡은 담벼락에 벽화를 그린 것을 시작으로 동피랑 마을은 벽화로 꾸며졌다.

동피랑 마을에 대한 입소문이 나면서 마을을 보존하자는 여론이 형성되자 통영시는 마침내 동포루 복원에 필요한 마을 꼭대기의 집 3채만을 헐고 마을 철거 방침을 철회하였다. 철거 대상이었던 동피랑 마을은 현재, 벽화로 인하여 관광객의 발길이 끊이지 않는 통영의 새로운 명소로 자리 잡았다. 매년 200만 명의 관광객이 찾아오고 있으며, 2년마다 주민 회의를 통해 새로 그리거나 보수할 벽화 축제의 주제도 정해서 진행한다. 그동안 낙후 지역, 달동네로 인식되던 동피랑이 통영의 역사와 문화가 깃든 골목 마을이 되었다.

5 우리 주변에서 아름답게 꾸미고 싶은 곳을 찾아 계획서를 써 봅시다.

아름다운 주변 환경을 위한 계획서

계획자	________초등학교 5학년 ____반 이름: __________
장소나 대상	
이유	
꾸미고 싶은 특징	
그림	

배움 다지기

- 아름다운 환경을 만들기 위한 사람들의 노력을 읽고 자신만의 계획을 세웠나요?

자료 출처

참고 자료

8쪽	쥘 베른, 『해저 2만 리』, 삼성출판사, 2006.
16쪽	박혜숙, 『줄임말 대소동』, 키다리, 2013.
18쪽	어린이동아 취재팀, 「[뉴스 브리핑] 초등생 학부모 "신조어 때문에 자녀와 소통 어려워"」, 어린이동아, 2015.
19쪽	어린이동아 취재팀, 「[뉴스 쏙 시사 쏙] "언어는 사회를 비추는 거울"」, 2015.
23쪽	나탈리 배비트, 『트리갭의 샘물』, 대교북스주니어, 2018.
29, 30쪽	위기철, 『무기 팔지 마세요!』, 청년사, 2011.
34쪽	실비 보시에, 『전쟁과 평화 두 얼굴의 역사』, 푸른숲주니어. 2011.
36쪽	예영, 『우리 학교가 사라진대요!』, 마음이음, 2019.
36, 37, 38쪽	KOSIS 국가통계포털(http://kosis.kr)
42쪽	파이낸셜 뉴스, 「한국, 고령화-제조업 침체, '스웨덴식 모델' 해법」, 2019.
44쪽	홍건국, 『착한 생각으로 세상을 바꾼 사람들』, 글담어린이, 2013.
50쪽	신완선, 『컬러 리더십』, 더난출판사, 2002.
52쪽	어린이 경제신문, 「바이오 인증 기술, 일상 속으로」, 어린이 경제신문, 2019.
56쪽	채널A 뉴스, 「손가락에 심은 생체 칩」, 2019.
58쪽	김은선, 『더 멀리 더 높이 더 빨리 스포츠 과학』, 동아사이언스, 2012.
64쪽	김은선, 『응원 도구가 선수의 심리에 영향을 미칠까?』, 동아사이언스, 2012.
66쪽	꿈꾸는 뉴런, 『달콤한 걸 좋아하니?』, 휘슬러, 2019.
78쪽	중앙일보, 「사자자리 이야기」, 1998.
80쪽	김혜리, 『버럭 아빠와 지구 반 바퀴』, 김영사, 2010.
86쪽	F.이사벨 캠포이, 테레사 하웰, 『회색 도시를 바꾼 예술가들』, 보물창고, 2019.
90쪽	U투어 통영관광포털(http://www.utour.go.kr)

이미지 출처

누리부산 http://tour.busan.go.kr/ 85쪽(감천문화마을)

뉴스타운 http://www.newstown.co.kr/ 85쪽(라온마당)

서울신문 나우뉴스 https://nownews.seoul.co.kr/ 89쪽(동피랑 마을)

셔터스톡 https://www.shutterstock.com/ 28쪽(진시황릉), 46쪽(나노 자동차), 52쪽(바이오 인증), 58쪽(스피드 스케이팅), 58쪽(골프), 59쪽(금은동 메달), 59쪽(사격), 60쪽(양궁), 61쪽(양궁 선수들), 67쪽(카카오 열매), 68쪽(초콜릿), 69쪽(카카오), 73쪽(북두칠성), 79쪽(마추픽추), 79쪽(오로라), 79쪽(타지마할), 79쪽(사그라다 파밀리아)

신동아 https://shindonga.donga.com/ 85쪽(광화문에 뜬 달)

전자신문 https://m.etnews.com/ 85쪽(언양 변전소)

한국천문연구원 천문우주지식정보 https://astro.kasi.re.kr/ 75쪽(백조자리, 페가수스자리), 78쪽(사자자리)

22쪽(용비어천가) http://bitly.kr/72NyAfrYA9x

| 연구진 |

이창송(성남미금초등학교) 이희연(경기 나산초등학교) 전택수(전 서울중곡초등학교)

| 집필진 |

이영완 현) 서울용암초등학교 교감*
서울교육대학교 초등교육과 졸업(학사)
경희대학교 교육대학원 교육학과 국어교육학 졸업(석사)

이소리 현) 서울특별시교육청 장학사
대구교육대학교 교육학과 졸업(학사)
한국교원대학교 교육대학원 공통과학교육학과 졸업(석사)
한국교원대학교 대학원 공통과학교육학과 졸업(박사)

서현정 현) 서울원명초등학교 교사
서울교육대학교 초등교육과 졸업(학사)

황시우 현) 경기 나곡초등학교 교사
경인교육대학교 윤리교육과 졸업(학사)
경인교육대학교 교육대학원 초등체육교육학 졸업(석사)

이준복 전) 경기 해밀초등학교 교감
청주교육대학교 실과교육과 졸업(학사)

김은경 현) 경기 중일초등학교 교사
청주교육대학교 수학교육과 졸업(학사)
아주대학교 교육대학원 교육행정학 졸업(석사)

권희은 현) 서울아현초등학교 교감
서울교육대학교 초등교육과 졸업(학사)
서울교육대학교 교육대학원 초등과학교육학 졸업(석사)

박주현 현) 서울서원초등학교 교사
서울교육대학교 초등교육과 졸업(학사)
서울교육대학교 교육대학원 초등국어교육학 졸업(석사)

임미영 현) 서울대방초등학교 교사
경인교육대학교 영어교육과 졸업(학사)

고은미 현) 경기 용인백현초등학교 교사
서울교육대학교 초등교육과 졸업(학사)

차숙희 현) 경기 다원초등학교 교사
중앙대학교 영어영문학 졸업(학사)
한국교원대학교 초등교육과 졸업(학사)

김수주 현) 용인남사초등학교 교사
청주교육대학교 국어교육과 졸업(학사)
단국대학교 교육대학원 상담심리학 졸업(석사)

*표시는 집필 책임자임.

| 경기도교육청인정도서심의회 위원 |

황인표(춘천교육대학교)* 이병희(샘모루초등학교) 류영우(성라초등학교) 이병달(금릉초등학교) 박신정(안양중앙초등학교)
김훈경(파주교육지원청) 김재란(자유초등학교) 이상숙(곡란초등학교) 박양희(연현중학교)

*표시는 심의회 위원장임.

| 감수진 |

김연희(용천초등학교) 김재환(옥길버들초등학교) 김지용(나산초등학교) 백승이(정평초등학교) 이도섭(상탑초등학교)
임경태(이매초등학교) 정갑수(곡정초등학교) 조성애(성남미금초등학교) 주원형(나룰초등학교)

개발 책임 이경자 **편집** 박선영, 한석란 **디자인** 오선아
표지 삽화 정아름 **내지 삽화** 김이주, 윤의석, 이은교, 이은주, 전진희

교육부의 위임을 받아 경기도교육청에서 2021년 1월 14일 인정 승인을 하였음.

초등학교 초등 논술 5

2022. 3. 1. 초판 1쇄 발행 / 2025. 3. 1. 초판 5쇄 발행 **정가** 5,700원

지은이 이영완 외 11인

발행인 (주)아침나라 / 경기도 파주시 문발로 214-12 3층

인쇄인 영프린팅 / 경기도 고양시 일산동구 장대길 106-35

이 교과서의 본문 용지는 우수 재활용 제품 인증을 받은 재활용 종이를 사용했습니다.

교과서에 대한 문의 사항이나 의견이 있는 분은 교육부와 한국교과서연구재단이 운영하는 교과서민원바로처리센터 (전화: 1566-8572, 웹사이트: http://www.textbook114.com 또는 http://www.교과서114.com)에 문의하여 주시기 바랍니다.

이 도서에 게재된 저작물에 대한 보상금은 문화체육관광부장관이 정하는 기준에 따라 **사단법인 한국문학예술저작권협회**(02-2608-2800, www.kolaa.kr)에서 저작재산권자에게 지급합니다.

내용 관련 문의 (주)아침나라 교과서 개발부 **전화** (031) 955-6333 **전송** (031) 955-6335

공급 업무 대행 (사)한국교과서협회 (10881) 경기도 파주시 문발로 439-1

개별 구입 문의 홈페이지 주소 www.ktbook.com 031-956-8581~4 (사)한국교과서협회

ISBN 978-89-5587-242-2